세일즈에
품격을 더하라

성공과 사람 모두를 얻는 리더십과 영업 스킬

세일즈에
품격을 더하라

성공과 사람 모두를 얻는 리더십과 영업 스킬

초판 1쇄 인쇄 ㅣ 2021년 12월 01일
초판 4쇄 발행 ㅣ 2022년 01월 13일

지은이 ㅣ 손갑헌
펴낸이 ㅣ 최화숙
편집인 ㅣ 유창언
펴낸곳 ㅣ **이코노믹북스**

등록번호 ㅣ 제1994-000059호
출판등록 ㅣ 1994. 06. 09

주소 ㅣ 서울시 마포구 성미산로2길 33(서교동), 202호
전화 ㅣ 02)335-7353~4
팩스 ㅣ 02)325-4305
이메일 ㅣ pub95@hanmail.net ㅣ pub95@naver.com

ⓒ 2021 손갑헌
ISBN 979-89-5775-283-8 03320
값 16,000원

성공과 사람 모두를 얻는 리더십과 영업 스킬

세일즈에 품격을 더하라

손갑헌 지음

이코노믹북스

이익이 아니라 사람을 남기는 세일즈를 하고, 돈이 아니라 행복을 추구하는 삶을 살자

'오늘도 즐거운 하루가 되도록 하자', '직원들을 칭찬하고 인정하자', '크게 생각하고 멀리 내다보자', '화가 나면 심호흡을 하고 한 번 더 생각하자', 이런 생각을 하며 매일 아침 출근길을 나선다. 하지만 막상 일에 파묻혀 하루를 보내고 나면 이런 다짐을 잘 실천하지 못해 늘 아쉬운 마음이 든다. 좋은 다짐을 하며 하루를 시작하고 정신없이 업무에 매진하며 직장생활 30년을 달려왔다. 지나온 시간을 뒤돌아보면 순간순간이 그림처럼 빨리 스쳐간다. 얼마 전 30년째 되는 출근길에 아내, 아이들과 함께 나의 은행생활 30년을 기념하여 엘리베이터 앞에서 사진을 찍었다. 스물일곱 청년이 혈혈단신 서울로 올라와 시작한 첫 발걸음이 오늘에 이르렀다.

:: 책을 쓰게 된 계기

27살에 은행에 입행하여 외국환 업무를 시작으로 30대 중반부터는 기업금융 마케팅을 하는 RM(릴레이션 매니저)을 하였다. 그 이후 지점장, 본부장, 지역대표 등을 거치며 줄곧 세일즈 업무를 하며 필드에서 뛰었기에 퇴직하면 영업경험과 노하우를 책으로 쓰고 싶었고 기회가 된다면 금융과 경제, 세일즈와 리더십에 대해 강의도 하고 컨설팅을 하고 싶은 것이 나의 작은 소망이었다.

책과 가까이 하려고 했고 좋은 글귀는 항상 기록하고 가슴에 담아 실천하도록 노력했다. 그러던 중 2021년 하반기에 시간이 주어졌다. 이 시간을 소중히 보내자는 생각에 영업과 함께한 은행생활과 세일즈에 대해 글을 쓰고 한편으로는 직장생활 동안 느꼈던 리더십과 인간관계, 인생관에 대해 책을 쓰게 되었다. 나의 30년 직장생활을 되돌아보게 되었고 나를 발견하고 나의 인생지표가 정리되고 명확해졌다. 이 시간은 무척 의미 있는 시간이고 행복한 시간이다.

이 책은 나의 짧지 않은 직장생활과 세일즈, 마케팅 경험을 바탕으로 하고 있다. 내가 일하며 살며 배우고 느낀 것들을 동료와 후배, 새롭게 세일즈를 시작하는 이들과 나누고 싶었다. 나의 지식과 경험이 후배들에게 미력이나마 세일즈에 힘이 되고 행복한 직장생활에 도움이 되었으면 하는 마음이다.

세일즈에서도 인생에서도 성공과 행복을 얻는데 필요한 몇 가지를 먼저 간단하게 정리해 본다.

: : 영업은 고객에게 이익을 주는 것이다

영업은 고객에게 이익을 주고 정보를 나누며 컨설팅을 해주는 것이다. 나의 이익이 아니라 고객에게 이익이 될 수 있도록 해야 한다. 고객에게는 컨설팅 전문가로서의 인식을 심어줄 필요가 있다. 나는 후배들에게 항상 이렇게 말한다. '영업은 어려운 것이 아니다. 즐기면서 하라.' 고객을 만나는 것이 얼마나 즐겁고 행복한 일인가? 고객과 같이 식사도 하고 차도 마시고 정보도 나눌 수 있으니 즐거운 일 아닌가?

영업은 다른 사람에게 부탁해야 하는 입장이라고 생각해 어렵게 느껴진다. 그러나 생각하기 나름이다. 고객의 이익을 위해 세일즈한다는 마음으로 임하면 거절당하더라도 마음이 편하다. 거절당했다고 마음에 상처를 담으면 안 된다. 세일즈는 고객의 거절에서 시작된다. 고객의 거절은 영업의 시작 신호이지 거절 신호가 아니다. 많이 거절을 당할수록 더 빨리, 더 확실하게 성공할 수 있다.

영업은 '발품'이라는 말이 정답이다. 무조건 고객을 만나러 밖으로 나가야 한다. 부끄럽다고 생각하면 그 직원의 영업은 죽은 것이다. 사무실을 나오는 순간 갈 곳이 없는 세일즈맨은 불행한 것이다. 자신감 있게 고객을 만나러 나가야 한다. 누구든지 두려워하지 않고 만날 수 있어야 한다. 낯선 고객과 만나는 것에 느끼는 두려움을 없애야 한다. 세상에 못 만날 사람은 없다. 현장에서 무수한 사람을 만나 보았지만 사람은 기본적으로 자기를 존중해 주고 이해해 주면 좋아한다. 자기에게 이익이 되고 좋은 정보를 주면 누구나 좋아한다.

사실은 갈 곳이 없는 것이 아니라 용기가 없는 것이다.

뿌린 만큼 거두는 것이 자연의 섭리다. 많이 뿌리면 많이 거두는 것이다. 거두어 들이려면 반드시 뿌려야 한다. 좋은 토양에 많이 뿌릴수록 많이 수확할 확률이 높다.

: : 선의지로 세일즈하자

고객의 이익을 위해서 선의지를 가지고 세일즈를 해야 한다. 당장의 성과에 목매지 말고 좀 더 크게, 길게 보고 세일즈를 해야 한다. 선한 마음을 가지고 긍정적이고 열정적으로 대하면 고객은 금방 알아차린다. 자신의 지식과 경험을 살려 컨설팅을 하자. 고객에게 정보를 주고 좋은 제안을 하자. 고객은 세일즈맨이 진실한지 지식과 지혜가 있는 전문가인지 파악할 수 있다. 또한 경쟁 회사의 세일즈맨과 비교할 수 있다.

어려움에 처했을 때 나는 스프링의 근성을 생각한다. 스프링은 누르면 누를수록 더 튀어 오르는 속성이 있다. 안 되면 포기하는 것이 아니라 스프링처럼 다시 한 번 더 높이 뛰는 것이다. 세게 치면 칠수록 더 높이 튀어 오르는 공처럼 바운드하여 바닥을 치고 올라가야 한다. 열 번 찍어 안 넘어 가는 나무 없다고 한다. 지레짐작으로 안 된다고 판단하고 포기하면 절대로 이룰 수 없다.

세일즈를 할 때 당장의 이익에 눈이 멀어 소탐대실하는 것은 최악의 방법이다. 큰 그림을 보고 길게 내다보자. 영업할 때는 신뢰 형성이 최우선이다. 사람은 누구에게나 신뢰가 가장 중요하다. 신뢰를 받으면 영업도 술술 풀린다. 신뢰를 받으려면 진실해야 하고 끈끈한 관계를 맺어야 한다. 그리고 전문가가 되어야 한다. 경쟁자와 비교하여 지식과 지혜가 있고 진실하고 열정이 있으면 신뢰가 쌓인다.

:: 덕이 있는 사람이 되자

나는 은행생활 동안 역량이 뛰어나고 인품이 훌륭한 선후배들을 많이 보아왔다. 그들의 자세, 마음가짐, 태도를 통해 늘 배우고 있다. 그들은 대부분 따뜻한 리더십으로 배려하는 모습이 그려진다. 존경은 타인을 위해 하는 행동에서 비롯된다. 자신의 이익만을 추구하는 리더는 결코 존경의 대상이 되지 않는다.

공자는 '덕불고 필유린德不孤 必有隣', 즉 '덕은 외롭지 않으며 반드시 이웃이 있다'고 말하였다. 공자 시대나 지금 시대나 인간사를 관통하는 원리이다. 너그러운 아량으로 좋은 일을 하게 되면, 때때로 외로운 순간이 있을지라도 반드시 함께하는 사람이 있다는 의미이다.

내가 남에게 많이 베풀면 주변에 많은 친구와 동료가 생길 것은 당연한 이치일 것이다. 부유하고 행복한 삶을 살기 위해서는 좋은 인맥을 쌓고 가족, 친구, 동료 등 가까운 사람들과 깊은 관계를 유지하여야 한다. 인간은 사회적 동물이므로 다른 사람과 바람직한 관계를 형성하지 못하면 행복을 유지하기 어렵다. 주변에 사람이 많이 모이고 리더십이 있는 사람은 상대방의 고민을 잘 들어주고 칭찬을 하고 너그러운 마음을 가지고 있다.

:: 정서적 부자가 되자

우리는 행복을 위해 직장을 다니고 사업을 한다. 행복은 멀리 있는 것이 아니다. 오늘 하루 즐겁게 최선을 다해서 살아가면 그것이 행복이다. 돈, 권력, 명예가 행복이라고 생각하고 앞만 보고 달리는 사람이 많다. 그런 것들이 정말 행복일까? 우리는 너무 치열하게 살아가고 있다. 세계에서 유례없는 고도성장으로 앞만 보고 달려왔다. 세상이라는 정글 속에서 살며, 서로 비교하며 지치고 외로워한다. 과거보다 풍요로운 생활을 하지만 자신이 행복한지도 모르고 살아가고 있다. 정서적인 부자가 되어야 한다. 무엇을 추구하며 살지 고민하자. 마음 관리, 정서적인 여유, 건강, 행복을 추구하자. 일과 삶의 균형이 중요하다. 일을 즐기고 삶을 긍정적으로 바라보자. 일과 삶의 만족이 진정한 행복으로 이끈다. 베푸는 것도 연습이 필요하고 사랑도 연습이 필요하다. 주위 사람에게 사랑을 베푸는 것도 자주하면 습관이 되어 자신이 행복해진다.

:: 독서와 운동 습관을 만들자

나는 주변 사람들에게 '책읽기와 운동하기는 인생에서 꼭 해야 할

두 가지다'라고 말한다. 몸의 건강을 위해서는 운동을 하고 마음의 건강을 위해서는 책 읽기를 하자. 마음이 몸을 움직이기도 하지만 몸도 마음을 긍정적으로 만들어준다. 땀 흘리면 엔도르핀이 솟아나고 긍정의 에너지가 넘쳐 난다.

책을 읽고 마음의 양식을 쌓으면 위기 앞에 흔들림이 적다. 운동을 하고 취미생활을 하여 삶의 보람을 찾아야 한다. 좋은 습관이 좋은 인품을 만든다. 처음은 어렵지만 조금만 노력하면 습관이 된다. 좋은 습관으로 건강함과 즐거움을 만들어 보자.

: : 잠시 멈추고 주변을 둘러보자

앞만 보고 달리지 말고 한번쯤 멈추어 보자. 멈추면 새로운 것이 보인다. 전방만 주시하면서 달리던 승용차에서 잠시 내려 주위의 아름다운 경치와 들꽃의 향기에 취해 보자. 앞만 보고 쾌속으로 달리는 승용차 안에서는 산과 들의 멋진 모습과 농부들의 고단한 일터와 살아가는 모습을 보지 못한다. 한걸음 쉬며 삶의 고단함을 달래고 동료와 가족, 친구를 돌아보자. 스쳐 지나가는 것과 순간은 두 번 다시 만나기 어렵다.

어려움에 처한 이들에게 따뜻하게 다가가 마음에서 우러나오는 위로를 전하자. 어려울 때 함께 해준 사람은 평생 잊지 못한다. 무심코 행한 선행이 위급한 상황에 빠진 이들에겐 목숨을 건지는 동아줄이 될 수 있다. 어려울 때 도와준 사람은 내가 위기에 처했을 때 도움

받은 것을 되돌려 준다.

세상에서 가장 살기 좋은 곳은 멋진 경치와 아름다운 곳이 아니다. 좋은 이웃과 함께 살아가는 것이다. 좋은 이웃과 함께 하기 위해서는 내가 먼저 선의지를 가지고 베풀 수 있어야 한다.

여러 가지 실험에 의하면 많이 가진 것보다 남에게 베풀었을 때 인간은 행복감을 느낀다고 증명되었다. 받기 전에 먼저 주어야 한다. 무엇이든 심은 대로 거두는 것이 자연의 섭리이다.

인간의 가장 기본적인 욕구 중에 하나는 인정받고자 하는 욕구이다. 상대에게 인정을 받으면 큰 손해를 보아도 쉽게 넘어가지만 상대에게 무시당한다고 느끼면 사소한 손해가 커다란 사건이 되는 경우를 종종 본다. 인정받는 가장 좋은 방법은 내가 상대를 인정하고 베풀어주고 존중해 주는 것이다.

: : 긍정적이고 선하게 살자

사실 책을 쓰면서 자신의 인생을 되돌아볼 수 있었고 많은 생각들이 정리되어 갔다. 나의 인생지표는 '선의지를 가지고 긍정적으로 살자'이다.

선의지는 '선을 행하고자 하는 동기에서 나온 의지'의 뜻으로 독일의 철학자 임마누엘 칸트(Immanuel Kant)가 처음으로 사용한 말이다. 인간은 칭찬을 받으려고 선한 일을 하는 것이 아니라 선과 도덕을 가지고 있으므로 선한 일을 한다는 것이다.

선한 의지를 가지고 생활하면 나의 인생이 풍요롭고 내가 선의지로 살아가면 내 주변은 선한 사람들과 함께할 것이고 내 인생이 풍요로울 것이다. 사람은 주변에 어떤 사람이 있는가에 따라 영향을 받는다. 곁에 썩은 과일이 있으면 같이 썩게 되는 것이고 향기로운 꽃이 있으면 나에게도 아름다운 향기가 넘쳐날 것이다. 내가 먼저 향기로운 사람이 되어야 한다.

누구나 진실한 사람은 미워하지 않는다. 때가 덜 묻은 순수한 사람을 만나면 괜히 기분이 좋아진다. 순수하고 진실한 마음이 성공을 불러온다. 순수한 사람도 순간적인 위기를 겪고 손해를 보기도 한다. 하지만 인생은 사필귀정이다. 어둠은 빛을 이길 수 없고 거짓은 참을 이길 수 없는 것이 진리이다. 나쁜 마음을 가진 사람은 언젠가는 자기가 쏜 화살에 스스로 맞게 된다.

긍정적으로 즐겁게 살아가는 것 또한 나의 모토다. 모든 것이 마음에 있기에 생각하기 나름인 것이 정말 많다. 긍정적인 마음으로 이끄는 것이 독서와 명상, 글쓰다. 독서와 글쓰기를 통해 삶의 의미를 알아가고 긍정의 힘을 키우자.

아모르 파티(Amor Fati)는 '운명을 사랑하라'는 뜻의 라틴어로 독일 철학자 니체의 말이다. 인생을 살다 보면 개인의 힘으로 어찌할 수 없는 상황이 오기 마련이다. 그런 상황 속에서도 자신이 만들어 왔고 자신이 만들어 갈 자신의 운명을 사랑하라는 뜻이다. 누구에게나 필연적으로 다가오는 운명을 받아들이고 이것을 긍정적으로 자신의 것으로 만들어가자.

지나고 나면 추억일 수 있는 일들에 우리는 너무 많은 고민을 하며 살아가고 있는지 모른다. 성경에서 최고로 많이 나오는 말이 '두려워 마라'라고 한다. 미래를 두려워할 필요가 없다. 걱정의 40%는 절대 현실로 일어나지 않는 것이고 걱정의 30%는 이미 일어난 일이며, 걱정의 22%는 사소한 고민이라고 한다. 긍정적으로 생각하고 감사한 마음으로 살아가자.

나는 감사한 일이 정말 많은 사람이다. 30년 직장 생활을 할 수 있게 만들어 준 KB에 감사한다. 이 책을 쓸 기회를 만들어주고 격려해 주신 많은 선후배 직원에게 감사한다. 마지막으로 항상 꿋꿋하게 나를 믿어주고 지지해 주는 아내와 아들, 딸에게도 고마움을 전한다.

차 례

2장 팔지 않아도
사게 만드는 영업 노하우

3장 잘나가는 세일즈맨은
끝까지 디테일이 다르다

4장 사람과 성공
모두를 얻는 리더십

5장 살며 일하며 사랑하며 배운
인생의 작은 지혜들

에필로그

1장

성공하는 세일즈맨이
알아야 할
영업의 기본

01

영업은
비즈니스의
꽃이다

은행 생활 30여 년을 영업과 관련된 일을 해왔다. 현장에서 고객을 만나려고 사무실과 공장을 찾아다녔고 본부에서는 영업 관련 부서에서 전략적인 고객 유치 활동을 해왔다. 디지털세상이 되어 개인금융 등 소매시장은 비대면 거래가 많아졌다. 하지만 기업금융에서 기업 유치, B2B 영업, 기관 대상 영업 등은 비대면으로 하기에는 한계가 많다. 그래서 고객을 만나기 위해 발품을 팔아야 한다. 영업을 하면서 고객을 통해 정보도 얻고 친분도 맺고 성취의 보람도 느낄 수 있다.

아무리 좋은 제품을 만들어도 팔리지 않으면 재고가 쌓이고 기업 부담만 는다. 기업은 판매를 하지 않고는 존속할 수 없다. 그래서 비즈니스의 꽃은 영업이다. 잘 만든 상품과 서비스를 가지고 세일즈맨이 판로를 개척하고 거기서 매출과 수익을 창출하는 것이 기업 경영의 핵심 활동이다.

: : 좋은 제품이 잘 팔리는 것은 아니다

'좋은 제품이 잘 팔리는 것이 아니라 잘 팔리는 제품이 좋은 제품'이라는 말이 있다. 좋은 제품이 잘 팔린다는 것은 상품 중심의 사고방식이다. 소비자는 자신의 욕구를 충족시키는 상품과 서비스를 구매하고 사용한다. 소비자는 자신의 마음에 드는 것을 선택한다. 아무리 훌륭한 상품과 서비스도 고객에게 팔리지 않는 제품은 창고에 쌓이다 사장되기 마련이다.

상품과 서비스가 우수하고 품질이 좋으면 영업을 하지 않아도 팔릴 것이라고 생각하면 그건 착각이다. 온라인과 모바일로 충분히 마케팅이 가능할 것이라고 생각할 수도 있다. 이는 리테일 영업에서는 가능할 수 있다. 하지만 기업 대상 B2B 영업은 고객을 이해하고 고객의 니즈에 공감하는 과정이 필요하며 고객을 찾아 나서야 한다.

: : 영업은 고객에게 혜택을 주는 것이다

영업은 경영에서 필수적인 중요한 활동이다. 하지만 아직까지 우리나라에서는 영업에 대해 부정적인 이미지가 많다. 세일즈맨이라고 하면 더운 날씨에 넥타이를 조여 매고 땀을 흘리며 돌아다니는 모습,

실적 압박으로 마음 졸이며 안달하는 모습, 문제가 생길 때 고개 숙여 사과하는 모습 등등이 생각날 것이다. 그러나 세일즈맨이라면 영업을 고객에게 혜택을 주고 고객의 성공을 이끄는 디딤돌로 생각해야 한다.

세계적인 부호이자 투자의 귀재 워런 버핏도 한때 영업사원이었다고 한다. 그는 신문배달원으로 일했고 그 이후에 증권 영업을 했다. 세일즈 인베스트먼트에서 경험을 쌓고 버크셔 해서웨이를 인수한 후에 여러 분야에 투자하며 회사를 확장시켰다. 실제로 〈포춘〉 선정 세계 500대 기업 최고경영자 가운데 약 25%가 세일즈맨 출신이다. 그들은 세일즈맨 시절 배우고 터득한 철학으로 고객 중심의 경영으로 글로벌 기업의 CEO로 성장했다.

고객과의 영업에서도 자기 철학이 있어야 한다. 고객과 만나는 것을 부끄러워할 필요가 전혀 없다. 나도 기업 영업 초기, 업체가 문을 열어주지 않거나 외판원 취급을 할 때 당황스러웠다. 하지만 이런 일을 몇 번 경험하고 나서는 아무것도 아니라는 것을 알게 되었다. 세상사가 생각하기 나름이다.

스스로 자랑스러운 금융인으로 업체에 이익을 주기 위해 컨설팅해 준다는 마음으로 방문하면 거절을 당해도 아무렇지 않다. 거절의 말이 '다음에 다시 오라'는 말로 들리기도 한다. 고객과의 만남에서 긍정적인 마음으로 나의 선의지를 전하면 한결 발걸음이 가볍다.

고객과 영업직원과의 관계를 갑과 을로 보는 것도 잘못된 것이다. 영업직원은 상품과 서비스를 판매하고 고객에게 정보를 제공하고 가치를 전달하는 일을 하는 비즈니스 파트너이다. 정중하면서도 당당하게 고객을 대하는 마음가짐을 가져야 한다.

:: 장사는, 이익이 아니라 사람을 남기는 것이다

드라마로도 유명해진 조선 후기의 무역상 임상옥은 우리나라 최초로 국경 지방에서 인삼 무역권을 가지고 있었던 조선 최고의 거상이었다. 그는 '장사란 이익을 남기는 것보다 사람을 남기는 것이다. 사람이야말로 장사로 얻을 수 있는 최대의 이윤이다', '장사에 있어서 가장 중요한 것은 인사다. 인사야말로 최고의 예의이다', '눈앞의 이익만 보고 상술에 의존하는 장사꾼이 아닌 미래를 내다보고 계획을 세울 줄 아는 장사꾼이 돼라' 등의 유명한 장사의 철학을 남겼다. 임상옥은 평생 인의를 중시하며 살았다. 장사에서 인의를 중시하는 것은 처음에는 손해 보고 비합리적인 것으로 보였다. 그러나 이익보다는 신의를 추구함으로써 훗날 더 큰 이득을 얻는 것을 보여 주었다.

사람이야말로 영업으로 얻을 수 있는 최고의 이윤이고 최대의 자산이다. 사람에 집중해야 하는 이유이다. 영업에서 사람의 마음을 얻을 수 있는 인성과 인격이 중요하다. 지나친 성취욕 때문에 페어플레이를 하지 않거나 정정당당하지 못하면 그 영업은 오래가지 못한다.

고객과의 친분을 자신의 소중한 자산으로 만들고 고객에게 이로움을 주는 것이다. 영업 원칙의 기본을 지키고 고객을 관리하고 고객의 신뢰를 얻는, 그야말로 품격 있는 영업을 추구해야 한다.

02

이익이 아니라
고객의 마음을 얻기 위해
영업하라

비즈니스 세계에서 중요한 것은 고객의 마음을 열고, 움직이는 것이다. 결국 의사결정은 사람이 하는 것이기 때문이다. 고객과의 관계에서 선의지를 가지고 긍정적으로 고객을 대해야 한다. 내가 고객의 이익을 위해서 일하고 선의지를 가지고 고객을 대하면 그 마음이 전달된다. 마음은 통하는 법이다. 기술적으로 마음을 얻기 위해서는 역량이 뛰어나야 한다. 역량은 전문가로서의 자질과 지식, 경험이 풍부해야 커질 수 있다. 또한 역량 못지않게 태도도 중요한 요소이다.

고객의 이익과 성공을 위해서 일하면 고객은 마음을 연다. 세일즈맨이라면 고객을 감동시키겠다고 다짐하는데 그보다 고객의 마음의 문을 여는 것이 먼저다. 마음은 강제로 열 수 있는 것이 아니다. 일상에서 고객의 마음을 얻을 수 있는 방법을 알아보자.

: : 먼저 지갑을 열어라

지갑을 여는 행위는 상대방의 마음을 얻을 수 있는 쉬운 방법이다. 아낌없이 베풀면 나중에 큰 도움으로 돌아온다. 베풀고 나누면 반드시 나중에 배로 돌아오는 것이 세상 이치다.

식사자리나 술자리에서 큰소리 뺑뺑 치며 잘난 체하다가 자리에서 일어날 때는 슬그머니 꽁무니를 빼는 사람이 있다. 그런 사람은 좋은 인상을 남기지 못한다. 반면 있는 듯 없는 듯 조용히 있다가 마지막 순간에 일어나 지갑을 여는 사람이 있다. 지갑 여는 일에 솔선수범하는 사람은 누구나 좋아한다. 백 마디 말보다 행동이 중요하다. 지갑에서 꺼낸 적은 돈으로 큰 인심을 얻을 수 있다.

: : 어려울 때 도움을 주자

어려울 때 도움을 받게 되면 평생 잊지 못하고 관계가 더욱 돈독해진다. 비즈니스에서도 마찬가지다. 어려울 때 도움을 받은 기업은 도움을 준 은행을 잊지 않는다. 경쟁 금융회사에서 좋은 제안을 하더라도 의리를 지켜 거래를 잘 바꾸지 않는다.

항상 주변을 살피고 거래처에 관심을 가지고 도와주려고 노력해야 한다. 잘나가던 기업이 하루아침에 어려워질 수도 있고, 지금은 상황이 어렵지만 고난을 헤치고 우량 기업으로 성장할 수도 있다. 어렵게 연구개발을 하여 시장개척을 하던 기업이 때마침 기회를 얻고 경영자가 사업적 수완까지 발휘하여 승승장구하는 일을 현장에 많이 보아왔다. 때문에 당장은 이익이 없더라도 먼 미래를 내다보고 영업을 해야 한다. 어려울 때 도움을 받은 기업은 항상 그 은행을 잊지 않는다.

IMF와 2008년 금융위기 때 가뭄에 단비 같은 금융 지원으로 그 시절을 잘 견디어 나중에 잘나가는 기업이 된 회사들이 있다. 그런 회사들은 예전에 도움을 준 은행과 담당 직원을 잊지 못한다. 그런 고객들은 은행 직원들을 만날 때마다 도움을 주었던 은행원 이야기를 많이 한다. 그런 분들은 쉽사리 거래 은행을 바꾸지 않고 충성도가 높은 고객으로 자리매김한다.

어려울 때 함께하는 친구가 진정한 친구라고 하지 않는가? 좋은 일이 있으면 나쁜 일이 있고, 나쁜 일이 있으면 좋은 일이 있을 것이다. 위기에 처해 있는 기업에게 도움을 주면 평생 파트너가 될 수 있다.

: : 도움을 받았으면 감사의 표현을 하자

비즈니스 세계는 변화무쌍하여 갑과 을이 바뀌는 상황이 올 수 있다. 내가 상대방에게 도움을 줄 수도 있고 내가 도움을 받을 수도 있다. 나에게 도움을 준 고객에게는 잊지 말고 감사의 표현을 해야 한다. 흔히들 '화장실 갈 때 다르고 나올 때 다르다'는 말을 한다. 어려울 때 도움을 주었는데 나중에 모든 것이 본인이 잘해서 그런 줄 알고 연락도 없으면 상대방은 배신감을 느낀다. 다시는 그 직원과 거래를 하지 않으려 할 것이다.

거래처 직원에게서 도움을 받았다면 그 직원에게 감사의 표시를 하여야 한다. 감사의 표현 중에 가장 손쉽게 할 수 있는 것이 칭찬이다. 사장에게 그 직원을 칭찬하면 그 직원의 귀에 들어가기 마련이다. 직원은 전해들은 칭찬에 고마워할 것이며 나와의 관계가 더욱 친밀해질 것이다. 칭찬은 공개적으로 하거나 제3자를 통해 하는 것이 효과적이다.

: : 태도는 겸손하게, 상대에게는 존중을

퇴직하신 선배 한 분은 늘 주위의 존경을 받는다. 현직에 있을 때도 항상 겸손하고 솔선수범하였고 직원을 존중하였다. 그래서 직원들로부터 존경을 받았던 분이다. 지금도 나에게 좋은 글과 마음의 양식이 되는 자료를 보내 주시는데, 선배의 겸손하고 배려하는 마음에 나 역시 존경심이 우러난다.

사람 사는 세상에서 배려와 존중이 상호 신뢰를 만들고 존경을 부른다. 사람은 자기가 존중받는다는 느낌을 얻기 위해서 살아간다고 한다. 존중받는 느낌이 채워지면 손해를 봐도 웃어넘길 수 있다. 반대로 자신이 무시당한다는 느낌이 든다면 사소한 일에도 목숨을 건다. 상대방의 마음을 얻으려면 상대방의 마음을 채우고 있는 것에 내가 먼저 귀를 기울여야 한다.

나는 선한 마음과 긍정의 힘을 좋아한다. 진심은 통하는 것이기에, 선의지로 세상을 살고 선의지로 고객을 만나야 한다고 생각한다. 고객을 위해 도움을 주고 고객의 이익을 위해 노력하면 반드시 성과를 얻게 되어 있다. 내가 긍정적이고 선의를 실천하면 나와 나의 주변은 긍정과 선의지로 가득 찬 사람들이 모여들게 된다. 그래서 선의지를 가지고 긍정적이고 겸손하게 고객을 대하여야 한다. 겸손한 사람은 누구나 좋아한다. 자신을 낮추면 낮출수록 자신은 높아지고 자신을 올리려고 하면 할수록 자신은 낮아지는 법이다.

03

영업을 어렵게
생각하지 말고
즐겨라

입행 후 몇 개월이 지나 내가 처음으로 담당하게 된 업무는 외국환 업무였다. 무역 전공자가 아니라서 당시 주경야독으로 무역과 외국환 업무를 익혔다. 실무를 하면서 배우니 빠르게 실력이 늘었고 입행 후 3년경부터는 전문가 수준에 이를 정도의 상담이 가능했다. 국제무역사, 외환상담사 자격을 취득하였고 은행 내에서 외국환 최고 전문가로 자격 인증을 받았다.

행원 때부터 틈틈이 수출입하는 업체를 찾아다녔고 은행에 수출입 업무를 하러 오는 직원과 창구에 마주앉아 하루 종일 수출입 서류와 씨름하기도 하였다. 거래처 중에는 지하에 공장과 사무실을 두고 원단을 제조하거나 가공하여 수출하는 영세 업체가 많았다. 구로공단 인근에서 모형기차 레일을 만들어 수출하는 회사도 있었다. 유럽,

미국, 일본 등에서 해외 송금이 들어오면 기업 사장님들과 함께 기뻐하며 소주잔을 기울이기도 하였다.

환율이 천정부지로 오르던 IMF 때였다. 대금 결제를 앞둔 한 사장님은 불안감으로 매일매일 은행에 출근하다시피 했었다. 환율전광판을 쳐다보며 한숨짓는 그분의 모습을 안타까운 마음으로 지켜보았다. 결국 계약 대비 두 배로 오른 환율 때문에 사장님은 다시 은행 문을 두드리지 못하게 되었다. 중국에서 수입한 물건이 계약과 전혀 다른 엉뚱한 물건이라 당황하던 사장님의 얼굴도 생생하다. 어찌할 수 없이 은행에 결제를 해야 했던 상황에 가슴이 아팠다. 농산물을 수입하면 박스 위에는 좋은 물건을 올리고 아래로 갈수록 품질이 형편없는 것을 넣어 보내는 일도 흔했다. 아프리카로 수출하는 업체의 대표님도 기억이 난다. 현지에서 상품을 찾아 사용하고는 대금 결제를 해주지 않아 속병을 앓으셨다. 지금은 수출보험 등으로 리스크가 커버되지만 그때는 그런 제도가 미비했다.

이런 분들의 피땀과 정성이 오늘의 한국을 만든 밑거름이 아닌가 생각해 본다. 이런 분들이야말로 우리나라 경제 성장의 견인차 역할을 한 영웅들이다.

: : 산업 역군들과 함께한 나의 영업 분투기

2000년대 초반에 대출심사역과 신용분석사 자격을 취득했다. 30대 중반부터 기업금융 마케팅 담당(RM, 릴레이션 매니저)을 하였다.

기업체를 찾아다니며 여러 공장과 사무실에서 많은 사장님들을 만났다. 중소기업 사장님들과 교류하면서 얻은 정보를 메모하며 새로운 지식을 내 것으로 만들려고 했다. 사장님들을 찾아다니며 많이 만난 경험 덕분에 나는 사람에 대한 두려움이 없다. 어느 누구를 만나도 자신이 있고 기죽지 않는다. 그리고 어떤 사람을 만나도 한두 시간 자유롭게 대화할 수 있다.

당시 구로공단으로 알려진 지금의 구로디지털단지에는 수많은 아파트형 공장이 지어지고 IT업체가 입주하였다. 신규 업체를 유치한다고 젊은 혈기로 무모하게 회사를 방문하였다. 공장과 사무실을 무작정 찾아가 벨을 누르고 사장님을 찾았다. 사장님을 만나면 이런저런 대화를 나누었다. 영업에 관한 이야기는 마지막에 살짝 나누었다. 인연이 맺어진 경우도 많지만 문을 열어주지 않거나 방문을 거절당해 허탕치고 나온 경우도 많았다. 그러나 확실한 것은 한번 대표자 만남을 통해 이루어진 교감은 재만남으로 이어지고 결국은 거래로 성사되어진다는 점이다.

시간이 문제이지, 반년이 지나고 1년이 지나면 반드시 관계가 맺어지고 거래를 시작하였다. 몇 년 후가 되어도 서로 연락하고 지내다보면 결국은 거래가 성사되었다. 나는 그때 맺어진 인연으로 지금도 연락하며 지내는 분들이 많다.

돌이켜보면 구로공단, 시화공단, 반월공단, 부천공단에는 영세한 기업이 많았다. 기름때 묻은 손으로 덥석 나의 손을 잡아주던 사장님, 반지하 공장에서 모형기차 레일을 제조하며 외화를 벌어들인 사장님, 휴대전화 부품 제조에 열정을 바쳤으나 급속한 IT의 흐름으로 사업이 힘들어진 사장님 등등. 이 모든 분들이 오늘의 대한민국을 만들어낸 역군이다. 이분들에게 감사한다.

:: 긴 호흡으로 멀리 내다보는 안목이 필요하다

나는 지점장과 지역본부장 시절부터 직원들에게 '영업을 어렵게 생각하지 말고 즐겨라'라고 이야기해 왔다. 영업 성과를 창출하려고 스트레스를 받으면서 기업체를 찾아다니지 말고, 놀러 다니라고 이야기한다. 자유롭게 평소 가고 싶었던 기업체에 가서 대표자를 만나고, 대화를 나누고, 상담하라고 한다. 사업하는 친구나 선배를 만나서 식사를 같이 하고, 가끔 마음의 선물도 전하라고 한다. 영업이란 이 얼마나 좋은 일인가.

세상사가 생각하기 나름이다. 영업을 하려고 하지 말고 같이 어울리고 소통하다가 보면 자연스럽게 영업이 이루어진다. 신뢰가 형성되면 필요시 연락이 오고 거래가 이루어진다. 감사하고 행복한 마음으로 업체를 다니면 세상이 달리 보인다. 긍정적으로 생각하면 항상 밝은 미소가 나오고 자신감이 생긴다. 항상 꿈을 가지고 즐거운 마음으로 도전하면 된다. 세상에 못 이룰 일은 없다고 생각한다.

영업이 어렵다고 생각하고 걱정하기보다는 문밖으로 나가 고객을 만나 정보를 얻고 관계를 맺어야 한다. 얼마나 좋은 기회인가. 보고 싶던 지인이나 친구, 선배를 만날 수 있고 컨설팅을 해줄 수 있다. 영업점 인근 업체들에게 금융 정보를 제공하고 필요하면 연락을 달라고 하면 된다.

당장 눈앞의 이익보다는 긴 호흡으로 멀리 내다보는 안목으로 필드에서 뛰어보길 권한다.

: : 간절함과 절박함이 이루어낸 것들

지방에서 지점장을 할 때 이야기이다. 고객과 점심식사 중이었는데 갑자기 직원으로부터 전화가 왔다. 지점 거래처 중 가장 큰 자동차부품 제조업체가 경쟁 은행 수표를 가지고 대출금 전액을 상환하러 왔다는 것이었다. 식사를 급히 마치고 업체를 찾아갔다. 사장은 외부에 나가 있었고 전화도 되지 않았다. 마치 '007 작전'을 하듯이 디데이를 잡아서 모든 절차를 끝내고 대출금을 상환하러 온 것이기에 이미 엎질러진 물이었다.

기업 대출은 상환이 되면 사실 주거래 은행이 바뀌는 것이기에 대출금 상환만의 문제가 아니었다. 직원 거래 등 모든 금융 거래가 바뀌는 것이 현실이다. 그날 이후 며칠 동안 가슴이 답답하고 갑작스레 눈물이 날 것 같고 새벽잠을 설치며 마음고생을 했다. 하지만 하고자 마음먹으면 못할 것이 없다. 절박한 심정으로 미친 듯 돌아다니며 지인과 친구를 만났고 영업을 하였다.

작은 자존심 때문에 찾아가지 못했던 아내 친척이 운영하는 업체를 찾아가 거래를 성사시켰다. 관계가 껄끄러웠던 대표를 찾아가 거래를 제의하고 거래 은행을 옮겨왔다. 자존심을 내려놓고 절박하게 제의하니 목소리는 떨렸지만 울림이 있었다. 지금도 그때를 생각하면 눈물이 핑 돈다.

자금 여유가 풍부하고 자존심 세기로 유명한 사장한테는 퇴직연금 가입을 부탁하였다. 자동차 안에서 그분에게 전화를 할까, 말까 한참을 망설였다. 성당에도 자주 가지 않으면서 성호를 긋고 심호흡한 후 전화를 하였다. 진심은 통하는 법이다. 간절한 마음이 목소리로 그대로 전달되는 모양이다.

지점장실 문을 닫고 들어가 크게 호흡을 고르고 그동안 소원했던 기업 대표에게 연락해 거래를 부탁했다. 노력은 배신하지 않았다. 그해 5월초 타 금융기관으로 넘어갔던 모든 금융거래를 상반기 마감인 6월말까지 채울 수 있었다. 이탈되었던 여신, 수신, 기타 거래를 모두 보충하고도 영업목표를 초과 달성하였다.

절박하고 간절히 하면 못할 일이 없다. 마음먹으면 모든 것을 이룰 수 있다고 생각한다. 그때를 생각하면 나의 눈가에는 항상 이슬이 맺힌다.

: : 기업과 은행은 상생관계이다

나는 은행에 다니면서 많은 혜택을 보았다고 느끼며, 그에 대해 늘 감사하게 생각한다. 무엇보다 좋은 선후배 직원들과 함께하였고, 중소기업 종사자와 고객을 많이 만나 교류하며 정보를 얻었다. 중소

기업 사장들이 오늘도 어려운 여건에서 고군분투하고 있다. 위기 앞에서도 불굴의 정신으로 도전하고 끝까지 포기하지 않는 그들의 기업가정신이 오늘의 대한민국을 만든 게 아닌가 싶다. 건강한 중소기업이 많아야 나라 경제가 튼튼해지고 고용이 창출된다. 탄탄한 중소기업이 많이 생기고 중소기업이 경쟁력을 갖추어 자기 분야에서 세계적인 명성을 이어가기를 희망한다.

기업과 은행은 불가분의 관계이다. 고객의 사업이 잘되는 것이 거래 은행이 잘되는 것이기에 기업이 잘될 수 있도록 도우려고 했다. 위기로 어렵게 된 분들도 있지만 잘나가고 있는 업체를 보면 기분이 좋다. 사업 기회를 잘 만나 이윤을 창출하고 사회에 기여하고 국가 발전에 기여한다고 생각한다. 지금은 기업의 사회적 기여, 환경, 지배구조 이슈로 기업은 사회발전에 기여하고 함께 성장해야 한다. 사회와 고객, 직원들로부터 항상 존경받는 기업이 되기를 기도한다.

04

세일즈를 위해
갖춰야 할
5가지 역량

영업 현장에서 오랜 시간 근무하면서 느낀 점이 있다. 모든 일이 그렇지만 영업은 열정과 근성이 있어야 하고 상품에 대한 지식, 고객관리 등에 역량이 있어야 한다는 점이다. 또한 긍정적인 마음과 선의지로 고객을 대하여야 한다. 기본적으로 세일즈맨은 마케팅에 대한 지식이 있어야 한다. 마케팅 이론을 겸비하고 영업 전략을 설계하고, 상품 관련 지식이 풍부하여 고객과 미팅 시 막힘이 없어야 한다.

: : 필요 역량 1 : 전문 지식과 기술

자신이 하는 일과 상품에 대한 전문적인 지식과 스킬이 있어야 한다. 그래야 고객을 설득할 수 있고 신뢰를 얻을 수 있다. 은행원이면 경기 흐름, 산업 동향, 금리, 환율, 주가 등 금융시장 흐름에 대해 이해하고 있어야 한다. 또한 판매하고자 하는 상품과 서비스에 대해서는 장단점을 누구보다 잘 알고 있어야 한다. 가끔은 고객과 상담을 할 때 상품에 대한 고객의 질문에 제대로 대답하지 못하거나 잘못된 정보를 제공하는 경우를 본다. 또한 고객의 질문에 바로 대답을 못해 사무실에 전화하거나 본부에 물어보는 경우도 종종 본다. 기업체와 상담할 때나 방문할 때는 본인이 판매하려는 상품과 서비스에 대해 완전하게 이해하고 숙지하는 것이 중요하다. 상품에 대한 이해 부족은 마치 전쟁터에 가면서 총을 가지고 가지 않는 것과 같다.

:: 필요 역량 2 : 문제해결력

영업직원은 고객의 애로사항을 해결해 줄 수 있어야 한다. 기업 정보를 제대로 파악하고 고객의 어려운 사항을 내부에 풀어 낼 수 있어야 한다. 자신의 정보와 지식과 경험으로 고객과 상담하고 컨설팅을 할 수 있어야 하지만, 본인이 해결할 수 없는 경우는 본부, 지원조직 등과 소통하여 조직 내부에서 문제를 해결할 수 있어야 한다. 본부는 지원 조직이다. 영업 현장이 전쟁터라면 본부는 전략을 짜고 보급품을 지원하여 전쟁을 잘 치를 수 있도록 하는 곳이다. 현장의 애로사항을 본부 등 내부 조직에 전달하고 고객의 요구사항을 해결해줄 수 있어야 한다.

: : 필요 역량 3 : 차별화와 신뢰 얻기

자기가 알고 있는 사람 중 가장 좋아하는 사람과 가장 싫어하는 사람을 떠올려 보자. 두 사람이 같은 물건을 판다면 누구의 물건을 사겠는가? 둘이 비슷한 내용을 제안한다면 누구의 제안을 선택하겠는가? 둘이 선거에서 비슷한 공약을 한다면 누구에게 투표하겠는가? 아마도 자신이 좋아하는 사람, 신뢰하는 사람을 선택할 것이다.

고객과 상담 시 자신의 지식과 경험, 전략 등 모든 수단을 동원할 때 고객의 신뢰를 얻을 수 있다. 상담 시 '이 사람과 이야기하면 내게 도움이 되겠구나'라는 고객의 기대를 불러일으켜야 한다. 고객은 나뿐만 아니라 경쟁 회사 직원과도 미팅을 하고 있다는 사실을 명심해야 한다. 경쟁 회사의 직원과 차별화가 될 수 있어야 하고 고객에게 더 좋은 서비스와 부가가치를 제공해야 하며 고객의 신뢰를 얻어야 한다.

항상 공부하여 경제와 시장 동향을 읽어야 하고 동종 업종의 흐름에 익숙해야 한다. 경제신문 읽기는 기본이고 고객이 속한 업종에 대한 지식을 쌓아야 하고 시장의 흐름을 파악하고 전문가적인 소양을 갖추어야 한다.

: : 필요 역량 4 : PT 스킬

고객 상담 시 대화의 스킬도 중요한 역량 중 하나다. 신뢰성 있는 어투로 정보를 PT(프레젠테이션)할 수 있어야 한다. PT는 내용에 충실하되 간결하면서 임팩트가 있어야 한다. 고객이 요구하지 않는 한 자세히 설명하지 않는 것이 좋다. 상품이나 서비스의 이점을 중심으로 어떻게 고객의 니즈를 만족할 수 있는지 제시하여야 한다.

자사의 상품과 서비스의 특징과 차별점에 대해서 핵심 포인트는 암기하여 어느 상황에서라도 자연스럽게 설명할 수 있어야 한다. PT를 할 때 3가지 내용이 전달되어 한다. 첫째, PT를 하는 우리는 누구인가? 둘째, 우리는 어떤 도움을 줄 수 있는가? 셋째, 그러므로 우리를 선택하라는 메시지이다.

PT 시 참석자들의 눈에 초점을 맞추고 어떤 부문에 집중하는지, 어떤 부문에 무관심한지를 파악하여 강조할 것은 강조하고, 넘겨야 할 부문은 과감히 생략한다. PT 도중 관행적으로 업계에서 쓰는 전문 용어나 속어는 사용하지 말아야 한다. 고객 입장에서는 생소할 수도 있고 의미를 오해할 수 있기 때문이다.

비즈니스의 핵심은 '이익'이고 결국 '돈' 이야기이다. 조직에서 매출을 늘리거나 비용을 줄이는 것이다. 이익이 늘어나고 비용이 줄어든다는 점을 전달하여야 한다. 말의 속도를 약간 빠르게 하고 목소리에 변화를 주면서 자신감 있는 목소리로 말해야 한다. 몸짓을 사용하여 상품과 서비스에 열정과 확신을 보여 주어야 한다.

: : 필요 역량 5 : 니즈 파악 능력

인간은 누구나 다른 사람이 자신의 이야기를 들어주는 것을 좋아한다. 쉴 새 없이 자기 말만 하는 사람과 대화해 본 경험이 있을 것이다. 아무리 말을 잘해도 고객들은 자신이 원하는 내용만 선별해서 듣기 때문에 단 7% 정도밖에 이해하지 못한다고 한다.

커뮤니케이션할 때 고객은 자신이 원하는 내용만을 듣는다. 반대로 말을 할 때는 자신이 원하는 내용을 말한다. 그렇기 때문에 세일즈맨은 무조건 고객의 말을 잘 들어야 한다. 고객과의 대화 중 80% 이상은 듣는 데 사용해야 한다.

고객과 상담할 때 고객보다 적게 말하고, 질문을 많이 하는 것이 중요하다. 질문을 통해 고객을 파악하고 고객의 니즈를 알 수 있고 해결책을 제시할 수 있다. 그런 과정 속에서 고객과 유대감이 강화된다. 고객이 말을 많이 하도록 하는 방법은 고객의 말에 '대단하십니다', '그래요' 등의 맞장구를 쳐주는 것이다. 고객이 무슨 말을 하던 중간중간에 추임새를 넣거나 맞장구를 해주면 고객은 신이 나서 많은 말은 하게 된다.

고객은 자기 일에 관심을 가진 사람과 이야기하고 싶어 한다. 고객과의 대화의 스킬도 익히고 경청하고 솔루션을 제공하는 것도 세일즈 역량이다.

고객에게 어떻게
신뢰를
이끌어낼 것인가

직장생활 중 나에게 가장 많은 영향을 끼친 사람은 누구일까 생각해 본다. 퇴직하신 선배도 있고, 현직에 계신 선배도 있다. 내가 모델로 삼고 신뢰하고 존경하는 선배들에게는 공통된 특징이 있다. 겸손하고 긍정적이며 배려심과 자신감이 있다는 점이다.

누구나 직장이나 사회에서 신뢰하는 사람이 있다. 신뢰받는 사람은 대체로 역량이 뛰어나고 믿음이 가는 사람일 것이다. 업무를 하다가 갑자기 궁금한 사항이나 고충이 있을 때 신뢰하는 사람을 찾게 된다. 누군가가 찾아와 의견을 묻거나 자문을 구한다면 그것은 신뢰받고 있다는 증거이다. 고객의 신뢰를 받으면, 고객에게 급한 일이 있거나 어려움에 있을 때 가장 먼저 찾는 사람이 될 것이다. 고객에게 확신과 신뢰를 주고 솔루션을 제시하면 신뢰받는 파트너가 될 수 있다. 고객에게 단순히 상품 구매자가 아니라 한 사람의 인격체로서 인간적인 관계를 맺고 소중히 여기고 있다는 확신을 심어 주어야 한다.

여기서는 고객의 신뢰를 받을 수 있는 방법에 대해 기술해 본다.

: : 첫째, 약속을 반드시 지킨다

고객과의 약속, 자신이 한 말에 대해선 반드시 지키는 것이 중요하다. 자신의 말에 책임을 지지 못하면 고객에게 믿을 수 없는 사람으로 각인될 것이다. '한마디 말로 천 냥 빚을 갚는다'고 한다. 고객과의 약속은 신중하게 해야 하고 한 번 한 말은 반드시 지켜야 한다.

: : 둘째, 전문성을 키운다

현장에서 수많은 고객을 만나면서 고객들이 항상 직원을 평가하고 있다는 사실을 알았다. 영업직원보다 고객이 더 많은 지식과 정보를 가지고 있고 더 전문적인 경우도 자주 목격한다. 고객은 경쟁 회사의 직원과도 수시로 소통하고 있다. 그래서 누가 더 전문성이 있느냐가 경쟁력이 된다.

기업 대상 B2B 영업 세일즈맨은 업무 전문성이 있어야 하고 자신의 일에 자부심이 있어야 한다. 비즈니스 관계에서 자신이 팔고 있는 상품에 대해서 완벽하게 숙지하고 확신을 가지고 설명할 수 있어야 한다. 고객의 질문에 답변을 못하거나 우물쭈물하면 신뢰가 무너진다.

:: 셋째, 고객의 이익을 먼저 생각한다

영업의 기본은 고객의 이익이다. 고객에게 이익이 되어야 상품이 판매된다. 판매에만 열을 올려 설명을 하면 상품 판매만이 목적인 것으로 비춰질 수 있다. 고객에게 이익이 되고 회사에 도움이 되는 상품을 판매하고 고객의 성공을 위해 노력하는 모습을 보일 때 신뢰가 형성된다.

:: 넷째, 평생 파트너로서 고객을 관리한다

거래를 성사시키는 데에만 집중할 것이 아니라 장기적인 관점에서 고객을 관리하고 평소에도 자주 연락하여 함께하는 파트너십을 구축해야 한다. 영업은 한 번으로 끝나는 것이 아니다. 지속적인 관계 형성으로 파트너가 되어 동행할 수 있어야 한다.

:: 다섯째, 자신감과 열정이 있다

누구나 자신이 하는 일에 열정을 가진 사람을 좋아한다. 자신의 일을 사랑하고 열정이 있는 사람은 매력적으로 보이고 신뢰가 느껴진다. 자신의 일에 자신이 없으면 고객의 신뢰를 받기 어렵다. 세일 즈맨이 자신의 상품과 일에 자신감이 없으면 누가 신뢰하겠는가. 자 신감과 열정이 있는 사람은 고객의 신뢰를 얻게 된다.

: : 여섯째, 자주 보고 접촉한다

마지막으로 고객과 자주 보고 접촉하여 관계를 강화하여야 한다. 사이가 좋지 않은 고객도 자주 보면 정이 들고 서로 이해하게 된다. 먼 친척보다는 가까이 있는 이웃이 훨씬 나은 법이다. 고객의 경조 사를 챙기고 관계를 강화하고 사적으로 만날 수 있는 관계가 되어야 한다.

신뢰라고 하면 흔히 성품이나 도덕성, 정직성을 생각하기 쉽다. 비즈니스에서는 성품뿐만 아니라 역량도 갖추어야 신뢰를 얻을 수 있다. 진실하고 정직하다고 하더라도 역량이 없으면 그 사람을 신뢰 하기 어렵다. 또한 능력이 탁월하더라도 성실하지 않으면 신뢰받기 어렵다. 비즈니스에서는 태도와 역량이라는 두 가지 요소가 기본이 된다.

고객과의 관계뿐 아니라 인간관계에서 우리는 신뢰를 얻어야 한 다. 사람들은 편안하고 따뜻하게 대해준 사람을 신뢰한다. 존경을 받 으려면 남에게 이익을 주어야 한다. 자기 욕심만을 부려서는 절대 존 경받지 못한다. 적게 심은 자는 적게 거두고 많이 심은 자는 많이 거둔다. 자연의 이치이다. 정성을 다해 물을 주고 가꾼 화분이 더 잘 자란다. 마음을 산같이 높게 하고, 바다같이 넓게 가지라는 말이 떠오른다.

06

좋은 고객을 알아보는 안목

기업 마케팅을 어떻게 할 것인지를 계획하기 위해서는 해당 기업이 좋은 기업인지 나쁜 기업인지, 비즈니스를 잘할 수 있는 기업인지를 먼저 파악해야 한다. 즉 세일즈맨이라면 기업을 보는 안목이 필요하다는 점이다. 은행에서 바라보는 기업과 주식시장에서 바라보는 기업은 그 관점이 조금 다르다. 은행은 채권자의 입장에서 안정성에 중점을 둔다. 주식시장에서는 밸류에이션, 투자의 관점에서 기업 가치에 더 방점을 둘 것이다.

비상장 중소기업의 경우 정보의 비대칭성이 강하게 나타난다. 기업주는 자신의 회사에 대해 많은 정보를 가지고 있지만 은행이나 기관, 개인 투자가는 회사의 정보를 세세히 알 수 없다. 정보의 비대칭성 때문에 역선택과 도덕적 해이의 문제가 발생하기도 한다. 역선택 때문에 대출을 잘 갚을 고객보다 잘 못 갚게 될 고객에게 돈을 빌려주게 된다. 역선택 위험 때문에 이자율이 상승하게 될 수도 있다. 도덕적 해이로 대리인(차입자)이 주인(채권자)의 수익에 악영향을 미치기 때문에 이 역시 주의해야 한다.

여기서는 중소기업 위주로 좋은 기업인지 여부를 간단히 알아볼 수 있는 방법을 소개한다.

: : 산업 트렌드를 읽자

시장 여건이 유리하다는 것은 시장매력도가 높다는 것이다. 기업이 시장 여건이 유리하면 영업하기에 유리하여 매출과 수익이 증가할 수 있게 된다. 시장 여건이 불리하면 영업이 위축되어 매출이 감소하거나 정체 상태를 보인다. 어떤 기업이 속한 산업의 트렌드가 매우 중요하다. 산업 트렌드 파악은 대상 기업의 분석과 미래에 대한 예측의 출발점이라고 할 수 있다. 산업은 바다이며 기업은 그 바다를 항해하고 있는 배라고 비유할 수 있다. 왜냐하면 배가 목적지까지 안전하게 항해하려면 배의 크기와 튼튼함도 중요하지만 바다의 평온함도 매우 중요하기 때문이다.

시장은 정글과 같아 항상 변하기에 새로운 산업이 나타나기도 하고 기존 업종이 소멸되기도 한다. 산업의 수명 주기는 산업이 생성하여 소멸되어 가는 과정으로 도입기, 성장기, 성숙기, 쇠퇴기 이 과정을 거치는데 어떤 제품들은 도입기와 성장기를 거치지 않고 바로 시장에서 사라지는 경우도 있다. 신제품과 같이 도입 단계 있는 제품을 분석하는 것은 매우 중요하고 그런 의미에서 신설 기업의 평가는 어려운 일이다.

: : 비즈니스 모델을 보자

비즈니스 모델은 기업이 이익을 내는 방법이다. 음식을 만들어 팔아 이익을 남기는 비즈니스 모델을 가진 조그만 식당부터 반도체를 만들어 팔아 이익을 남기는 비즈니스 모델을 가진 거대 전자회사 등 비즈니스 모델은 다양한 형태로 존재한다. 옛날로 거슬러 올라가면 봉이 김선달이 대동강 물을 팔아 돈을 버는 방법도 비즈니스 모델이다. 자본이 들지 않는 강물을 팔아 돈을 벌었으니 그야말로 환상적인 비즈니스 모델이다. 비즈니스 모델은 형태에 따라 이익의 질과 시장 지배력, 소비자 독점력 등을 결정한다.

: : 경영자의 경영 능력을 보자

경영자는 자질과 덕목을 갖추어야 한다. 사업에 대한 식견, 경영 능력, 환경변화에 대한 예측능력, 자원의 효율적인 배분, 높은 도덕성과 책임감, 위기관리능력 등을 갖추어야 한다. 그래서 성장과정, 학력, 경력 등과 더불어 이러한 덕목을 가지고 있는지 살펴봐야 한다.

기업 업무를 하며 내가 최종적으로 내린 결론은 '기업은 사람이다'라는 것이다. 기업도 사람이 만들어 낸 조직체이고 구성원도 사람이며 사람을 상대로 장사를 하기 때문이다. 제아무리 좋은 아이템과 훌륭한 비즈니스 모델, 최신식 공장을 가지고 있다 하더라도 사람을 빼고는 기업이라는 존재가 성립되지 않는다.

지식이 기업의 핵심 경쟁력으로 떠오르고 있는 오늘날 기업에 있어서 사람의 비중은 날로 커져 가고 있다. 사람에 대한 분석은 크게 CEO와 맨파워로 나뉜다. 기업을 배에 비유한다면 CEO는 항로를 결정하고 모든 지휘를 총괄하는 선장이고, 맨파워는 선장의 명령을 직접 수행하는 기관사와 항해사 등이라고 할 수 있다.

: : 배당률을 살펴보자

기업의 주인은 주주이다. 하지만 우리나라의 많은 기업이 주주를 등한시하는 경영을 해왔다. 이는 우리나라 주식시장이 전체적으로 저평가된 주된 이유이다. 하지만 최근 흐름을 보면 기업도 주주를 의식하는 모습을 보이고 있는 추세이다. 상장 기업인 경우, 기업이 얼마나 적극적인 주주정책을 하는지 판별하는 방법이 있다. 기업 수익의 일부를 주주에게 지분만큼 잘 나누어 주느냐, 배당률을 살펴보면 된다.

: : 재무제표 간단히 보는 법

대차대조표는 일정 시점에 기업의 재무상태, 즉 자산, 부채, 자본의 상태를 나타내는 정태적 보고서다. 손익계산서는 일정기간에 발생한 모든 수익과 이에 상응하는 모든 비용을 표시함으로써 기업의 경영 성과를 나타내는 동태적 보고서이다.

주주가 맡긴 자본과 채권자가 빌려준 부채는 합쳐져 기업의 자산이 된다. 수치의 의미에 대해 파고 들면 들수록 기업을 보다 자세히 알게 되고 리스크도 줄어든다.

여기에서는 채권자나 투자자가 필수적으로 알아야 할 지표에 대해서 알아보도록 한다.

① 자기자본과 시장가치

자기자본의 가치를 평가하려면 먼저 총자산의 가치를 평가하고 자산의 가치에서 총부채를 빼면 구할 수 있다. 즉 총자산은 '총자산=부채+자기자본'이다. 해당 기업이 상장되어 있다면 자본의 시장가치는 자본금을 액면가격으로 나누어 발행주식수를 구하고 여기에 1주당 거래되고 있는 시장가격을 곱하여 구할 수 있다.

자본의 시장가치 = 발행주식수 × 1주당 시장가격

일반적으로 주식시장이 호경기에 직면하면 상장기업 자본의 시장

가치가 자본총계보다 크다.

② 매출액과 영업이익 증가율

기업이 얼마나 성장하고 있는가를 나타내는 대표적인 지표는 '매출액과 영업이익 증가율'이다. 이는 말 그대로 전년에 비해 매출액과 영업이익이 얼마나 늘었는지를 나타내는 숫자로서 사업이 얼마나 성장하고 있는지를 잘 보여 준다. 매출액과 영업이익 증가율이 장기적인 추세로 높게 나타난다면 성장하는 기업으로 볼 수 있다.

매출액 성장률 = (올해 매출액−전년 매출액)/전년 매출액 × 100
영업이익 성장률 = (올해 영업이익−전년 영업이익)/전년 영업이익 × 100

③ ROE

ROE는 주주에게 가장 중요한 개념으로 주주가 맡긴 돈을 사업을 통해 얼마나 잘 운용하고 있는가를 나타낸다. ROE와 투자자의 관계는 채권자와 이자의 관계라고도 할 수 있다. ROE가 높다는 것은 사업을 잘했다는 뜻이며, 브랜드와 비즈니스 모델 등이 뛰어나다는 것을 의미한다. 고(高)ROE형 기업은 자산에서 돈이 계속 솟아나는 화수분과 같은 기업이라 할 수 있다. 자기자본에 대한 수익률로 본인이 투자한다는 개념으로 보면 이해가 쉬울 것이다.

ROE=(순이익/자기자본) × 100

④ 영업이익률

영업이익률은 매출액에서 영업이익이 차지하는 비중을 나타낸 것으로 기업의 수익성을 판단하는 좋은 척도이다. 간단히 이야기해서 기업이 100원짜리 물건을 팔아서 20원을 남긴다면 영업이익률은 20%가 되는 것이다. 당연히 영업이익률이 높은 고(高)영업이익률형 기업일수록 좋다.

소비자들을 상대로 원가보다 높은 가격에 제품을 판매하려면 그만큼 제품이 경쟁력을 갖추고 있어야 한다. 이는 품질뿐 아니라 브랜드, 시장지배력과 관계된 문제이다. 이를 파악하는데 영업이익률로 검증을 할 수 있다. 영업이익에서 대출이자 등을 지급하고 나면 보통 순이익이다. 영업이익율은 순수하게 장사해서 번 이익의 개념이다.

영업이익률 = (영업이익/매출액) × 100

⑤ PER

PER(Price/Earning Ratio)는 개인 투자가들이 가장 쉽게 이용할 수 있는 개념이다. PER은 주가를 주당순이익으로 나눈 것으로서 기업의 가치가 1년간 벌어들이는 돈의 몇 배의 가격으로 거래되는가를 나타내는 지표이다. PER이 낮은 저(低)PER형 기업일수록 기업의 가치가 저평가되었다는 신호이다. 가끔은 걱정과 우려로 기업의 전체 시장가격이 그 기업이 1년간 벌어들이는 수익과 비슷한 가격에 거래가 되는 현상이 발생하기도 한다.

$$PER = 시가총액/당기 순이익$$

⑥ 유동비율

유동성은 현금화될 수 있는 성질을 말한다. 기업이 단기적으로 조달할 수 있는 자금의 크기이다. 유동비율은 유동자산을 유동부채로 나눈 비율로 단기 채무 변제에 충당할 수 있는 유동자산이 얼마나 되는지를 나타내는 비율이다. 유동비율은 은행 대출을 할 때 지급능력을 판단하는 대표적인 비율이다.

$$유동비율 = 유동자산/유동부채 \times 100$$

채권자들은 특정 기업의 유동비율이 200% 이상이어야 안전하게 채권이 회수될 수 있다고 보는 경향이 있다.

⑦ 부채비율

부채비율은 타인자본(부채)을 자기자본으로 나눈 비율로 부채비율이 높으면 기업 소유주의 무책임을 조장할 위험이 있다. 왜냐하면 부채비율이 높아지면 소유주의 출자원금이 적어서 경영 활동이 실패하더라도 소유주들이 부담하는 손실은 적어지기 때문이다.

$$부채비율 = 부채/자기자본 \times 100$$

부채비율은 일반적으로 100% 이하를 표준비율로 보고 있으며 업종마다 다르지만 200% 이상이면 은행 대출을 할 때 주의를 한다.

⑧ 이자보상비율

이자보상비율은 영업이익이 타인자본, 즉 부채를 사용하여 발생하는 이자비용의 몇 배에 해당하는지를 나타내는 비율이다. 이자보상비율로 기업이 부채사용에 따른 이자 지급능력이 있는지를 파악한다.

$$이자보상비율 = 영업이익/이자비용$$

이자보상비율은 적어도 1배 이상은 되어야 이자를 정상적으로 지급할 수 있다. 일반적으로 기업대출을 할 때 이자보상비율이 1.5배 이상은 되어야 안전하다고 본다.

⑨ 내부유보액

기업이 영업활동이나 투자 등을 통해 벌어들인 자금 중에서 쓰고 남은 돈으로 자본잉여금과 이익잉여금으로 나눈다. 자본잉여금은 영업활동 이외의 자본거래를 통해 얻은 이익금이고 이익잉여금은 영업활동 결과로 내부에 축적된 내부유보액이다. 이익잉여금 등 내부유보액이 많다는 것은 과거부터 장사를 잘하여 쌓아놓은 현금이 많다는 것이다. 공부를 잘하는 친구가 앞으로도 잘할 것이라는 개념으로 나는 판단한다.

07

세일즈의
첫 번째 일은
갈 곳을 만드는 것

세일즈를 처음 시작하면서
무엇을 어떻게 해야 하는지 막막해하는 경우가 많다. 그러나 잘 살펴
보면 주변에 수많은 기업이 있다. 상공회의소 명부, 신설 기업 명단,
점주권 업체 등을 통해 잠재 고객을 찾고 목표 고객을 설정하여야 한
다. 나는 경제신문을 구독하고 뉴스에 귀를 기울이며 주변 기업들을
예의 주시하였다. 또한 점주권 주변의 기업과 지인을 통해 알게 된
기업주나 업체도 살폈다. 시장 트렌드 방향으로 나아가는 기업이거
나 성장하는 산업에 속한 기업인 경우 대표자나 CFO를 만나 면담을
추진하였다.

: : 목표 고객 설정

영업에서 고객 발굴 기술은 농부의 농기구나 군인의 무기처럼 가장 기본적인 준비사항이다. 농부가 밭에 가기 전, 군인이 전쟁터에 나가기 전에 농기구나 무기를 갈고 닦듯이 기본적으로 갖추어야 할 무기이자 경쟁력의 원천이다. 세일즈맨은 먼저 대상 고객을 많이 확보하고 있어야 한다.

신규 고객 유치에 있어서 가장 중요한 것 중의 하나가 목표 고객 설정이다. 가장 먼저 어떤 고객을 유치할 것인지 목표를 정해야 한다.

잠재 고객

잠재 고객이란 마케팅 대상이 될 수 있는 모든 사람과 조직을 말한다. 국내에 있든 해외에 있든 좋은 기업이든, 신용 상태가 좋지 않은 기업이든 모두 잠재 고객의 범위에 들어간다.

가망 고객

가망 고객은 잠재 고객 중 세일즈로 인식할 수 있는 고객이다. 어떤 제품을 만들고 어떤 비즈니스를 하는지 알고 있고 영업 가능성이 있다고 판단되는 고객이다. 가망 고객 중에서 목표 고객을 설정하여야 한다.

목표 고객

목표 고객은 가망 고객 중 판매할 상품이나 서비스가 필요한 고객이다. 타깃 대상이 되는 고객이다. 가망 고객 리스트로 목표 고객을 설정하고 접근방법을 모색해야 한다.

: : 고객과의 면담 추진

목표 시장이나 점주권 시장을 조사하여 세분화해 표적 시장을 정하면 그곳에 접근할 수 있는 방법에 대하여 깊이 고민하여야 한다. 시장은 바다와 같다. 낚시꾼이 가장 먼저 고기가 많은 어장을 찾는 것과 같은 원리로 영업직원은 기업이 많은 곳을 찾아내어야 한다. 물론 고기가 많고 어류가 풍부한 곳은 낚시꾼도 많이 몰려 있기에 여기에는 차별화된 전략이 필요하다. 자신이 좋아하고 유치하고 싶은 고객은 다른 사람도 좋아하는 고객이기 때문이다.

고기를 잘 잡는 선장과 유능한 낚시꾼에게 노하우가 있듯이 다년간의 경험과 기술이 필요하다. 특히 목표 고객을 설정 후 의사결정자와의 만남을 성사시키는 데는 상당한 노하우가 필요하다. 나는 지점장과 RM 시절 무작정 목표 고객을 찾아가기도 하고 전화 통화를 시도하기도 하였다. 이 방법으로 성공한 경우도 많지만 실패하기도 하였다.

처음에는 기업 명단을 보고 이 건물 저 건물 찾아가지만 출입문도 열어주지 않는 것이 대부분이다. 회사마다 수위가 지키고 있고 간신히 그곳을 통과한다고 해도 사무실마다 보안장치가 되어 있어 약속이 되어 있지 않으면 출입문을 열어 주지 않는다. 소규모 중소기업의 경우는 '인근 은행에서 인사 차 방문왔다'며 방문하여 대표자 면담 후 관계를 형성해 세일즈에 성공한 경우도 많다. 점주권 업체는 서로 인사하고 정보를 교환하자는 차원에서 접근하여 친분을 쌓는 것도 좋은 방법이다. 같은 건물에 있으면서도 경쟁 업체와 거래하는 곳도 많다. 가까이 있는 업체부터 찾아가 보자.

: : 전화로 약속하기

어느 정도 규모가 있는 기업인 경우는 사전 약속이 없으면 대표 면담이 거의 어렵다. 따라서 사전 전화 약속이 바람직하다. 사전에 전화하여 대표와 통화 후에 미팅을 하는 것이 가장 좋은 상황이지만 녹록하지 않다. 경리 담당자가 귀찮아하여 대표가 있어도 부재중이라고 하던지, 누구냐고 물어보고 은행 직원이라고 답하면 전화를 바꿔주지 않는 경우가 태반이기 때문이다. 이런 때는 약간의 요령이 필요하다. 나는 우연을 가장해서 약속을 하거나 대표와 지인을 통해 아는 사이라고 하거나 대표님 휴대폰 번호를 잊어버려 일반전화로 전화한다는 등등의 방법을 썼다. 또는 좋은 회사라서 좋은 제안을 드리려고 연락했다고 하여 면담을 성사시키기도 했다.

먼저 대표자나 CFO의 휴대전화로 문자 메시지를 보내 나를 소개한 후 한 번 뵙고 싶다고 하여 면담한 경우도 많았다. 답신이 오면 대표자의 시간에 맞추어 방문해 차 담화 후 좋은 관계를 유지하여 점진적으로 고객화를 한 경험이 다수 있다. 경험적으로 기업의 대표나 오너십이 있는 가족 등 경영에 깊이 관여하는 관계자에게는 회사에 좋은 제안을 드리려고 왔다고 하면 일이 성사되기 쉬웠다. 그러나 일반 직원들은 귀찮아하는 경향이 많다. 직원들을 만나 보면 주인의식이 있는 가족인지 경영주인지 일반 직원인지 금방 알아차릴 수 있다. 이는 식당에 갔을 때 직원들의 눈빛과 잠깐 태도만 보아도 가족 관계인지 주인인지, 손님을 귀찮아하는 직원인지 알아차릴 수 있는 것과 같다.

: : 우수 고객으로부터 소개받기

세일즈에서 가장 중요한 첫 번째는 기존 고객과 관계 강화를 잘하여 고객과 함께 성장하며, 한편으로 지속적으로 신규 고객을 창출하는 일이다. 관리를 소홀히 하여 기존 고객이 이탈한다면 신규 고객 창출이 무슨 의미가 있겠는가. 이는 산토끼 잡으려고 돌아다니다가 집토끼 달아나 버리는 격이다. 항상 친절하게 성심껏 대해 주고, 자주 연락하고 찾아가 애로사항을 청취하며 새로운 금융 상품을 소개하여 기존 고객과 상호 신뢰를 유지하는 것은 매우 중요하다.

고객 대부분은 동종 업종이나 타 업종에 걸쳐 교류를 한다. 영업 직원은 상공회의소, 지역 모임 등으로 많은 지인을 확보하여야 한다. 소개 영업은 시간과 노력을 줄일 수 있고 고객을 쉽게 파악할 수 있어 추천하는 방법 중 하나이다. 고객을 소개받는 방법은 기존 고객과 관계 강화 속에 덤으로 생기는 영업으로 생각하고 현장에서는 발로 뛰는 영업을 적극 추천한다.

: : DM은 장기적 관점으로 접근하자

제안서를 작성하여 고객에게 DM으로 발송하는 경우가 많다. 경험상 기업 대상 B2B 영업은 DM 발송의 시간과 에너지 소비에 비해 성과가 천천히 나타난다. 정성스럽게 만든 제안이 의사결정자의 손에 들어가기 전에 불필요한 우편물로 취급되어 폐기되거나 전달이 안 되는 경우가 많다. 전달이 되더라도 연락이 없는 경우가 많기 때문에 면담 등을 통해 신뢰를 쌓고 제안서를 제시하는 것이 바람직하다. 나도 디지털단지에서 RM을 할 때 수많은 제안서를 밤새 작성하여 우편으로 보냈지만 연락이 오는 경우가 거의 없었다.

호감도를
높이는 첫인상을 위한
심리기술

잘 알려진 사례를 소개한다.
회사 면접관을 상대로 인터뷰한 결과에 의하면 면접관의 86%가 첫
인상이 좋은 사람에게 가산점을 주며, 첫인상이 나쁠 경우에는 76%
가 감점을 준다고 하였다. 법정배심원 대상 연구에서도 비슷한 사례
가 있다. 피고인이 매력적이고 좋은 이미지일 경우 배심원들은 형벌
을 최대 5년 정도 깎아 주었다. 반대로 이미지가 안 좋아 매력적이지
않다고 느낀 피고인에게는 형벌을 최대 2년만 줄여 주었다. 의사들
역시 첫인상이 좋은 환자에 대해 더 신경을 썼고, 회진 시 한번이라
도 더 차트를 보았다는 연구 결과도 있다.

우리도 사회생활이나 직장생활에서 비슷한 경험을 한다. 신입사
원이 출근 첫날부터 지각하면 첫인상이 좋지 않을 것이다. 그 직원이

얼마 후 다시 지각을 하면 맨날 지각하는 직원으로 인식한다. 그러나 항상 빨리 출근하는 신입사원이 지각을 하면 집안에 무슨 일이 있는 것은 아닌지, 아픈 데가 있는 것은 아닌지 하는 걱정부터 앞선다.

자신의 첫인상을 좋게 하려면 매력도를 높여야 한다. 대화 시 상대방과 눈을 마주치고 미소를 지으며 열린 자세를 유지하고 대화에 집중하며 대화 중 상대의 이름을 불러줘야 한다. 향기로운 꽃에 벌이 모이듯 자신만의 매력이 있다면 좋은 사람이 알아서 모일 것이고 고객도 좋아할 것이다.

:: MOT, 진실의 순간을 활용하자

사회생활을 하면서 수많은 사람을 만난다. 많은 만남 속에 첫인상 (First Impression)이 중요하다. 첫인상은 처음 몇 초에 결정되는데 이때 상대와의 관계가 결정된다. 첫인상은 너무나도 중요해서 특히 직장이나 사회생활에서 한번 만들어진 첫인상은 잘 바뀌지 않는다.

고객과 만날 때 좋은 인상을 주기 위해서는 예의를 가지고 상대를 대해야 한다. 또한 친절하고 품격 있는 사람으로 인상을 남기기 위해 자신을 단련하고 수련하여야 한다. 유능한 영업직원이라면 고객과의 첫 대면 시 자신의 이미지를 고양하고 MOT(Moments of Truth, 진실의 순간)를 잘 활용하여야 한다. MOT는 고객이 상품이나 서비스를 접하며 순간적으로 받는 인상이다. 고객은 상품이나 서비스를 처음 접한 짧은 순간에 상품과 서비스에 대한 평가를 내린다.

: : 매순간 정성을 다한다

영업의 성패는 고객과의 만남에서 판가름 나기에 정성을 다하여야 한다. 고객에게 보내는 메시지, 전화, 상품제안, 자료, 만남 등을 통해 고객에게 얼마나 신뢰를 주느냐가 세일즈의 성패를 가른다. 고객 미팅 시 장소, 분위기, 어투, 이미지 등이 고객의 구매 의사에 영향을 주기 때문에 신경을 써서 정성을 보여야 한다.

: : 비언어적인 표현을 주시한다

표정과 목소리 톤 같은 비언어적인 표현을 통해 고객의 감정을 알 수 있다. 그래서 고객의 말 뒤에 감추어진 비언어적인 요소들을 살피는 것도 중요하다. 의사소통을 구성하는 3가지 요소, 즉 언어, 소리, 시각 중 말의 메시지는 7%의 효과만 있다. 소리로 들리는 요소, 즉 목소리 톤이나 억양 등은 38%, 눈에 보이는 말하는 자세, 표정 등 태도가 주는 영향은 55%나 된다.

고객과의 만남 시 좋은 인상을 남기기 위해서는 깔끔한 복장과 밝은 목소리, 미소를 머금은 표정 등을 보여야 한다.

: : 긍정적으로 말한다

고객과의 미팅 시 긍정적인 말을 해야 한다. 말에는 자기 최면 효과가 있다. 긍정적인 말을 하면 긍정적인 사람이 되고 부정적인 말을 하면 부정적이 된다. 심리학자들은 불평불만을 늘어놓는 사람은 성공 확률이 낮다고 한다. 고객과 미팅 시 부정적인 말을 하지 않는 것이 좋다.

: : 선의지를 전달한다

고객들은 선한 마음을 가지고 품격 있게 행동하는 사람을 좋아한다고 나는 믿는다. 가장 중요한 것은 선의지를 가지고 고객과 동행할 수 있다는 마음가짐을 갖게 되면 선의지는 고객에게 전달된다. 긍정적인 마음과 품격 있는 선의지는 고객에게 좋은 인상을 남긴다.

사전 준비와
경청으로
고객과 소통하라

기업체 방문 전 나는 고객 정보를 수집하여 기업체에 대해 어느 정도 파악을 한다. 홈페이지를 통해 회사 연혁, 매출과 이익 규모, 주요 제품, 대표자 정보, 종업원 수, 국내외 사업장, 판매 제품과 서비스에 대해서 파악할 수 있다. 또한 재무적인 정보와 금융거래 현황도 머릿속에 담고 가야 한다. 크레탑(www.cretop.com), 금융감독원 전자공시시스템(dart.fss.or.kr) 등에서도 기업 정보 확인이 가능하다.

사전에 고객 정보를 충분히 숙지하지 않으면 고객과의 미팅에서 말문이 막히게 되고 커뮤니케이션을 원활히 할 수 없다. 이렇게 되면 업체에 대해 제대로 파악할 수 없게 된다. 미팅을 가벼운 이야기로 시작하는데 사전 정보는 유용한 소재가 된다. 전쟁터에 나가기 전에 무기를 손질하고 적군의 군사, 무기, 전력 등을 파악하고 현재 어떤 포지션인지를 알아야 전쟁에서 승리하는 것과 같은 이치이다.

: : 아이스 브레이크 타임을 갖는다

고객과의 미팅에서 조심해야 할 것이 있다. 바로 처음부터 본론을 시작하는 것이다. 처음 대면하면 서로 긴장하고 경계심을 느끼는 상태이다. 이런 상황에서 바로 상품 설명을 하면 상대는 거부감을 가질 것이다. 고객이 거부감을 가지면 아무리 언변이 좋더라도 신뢰를 얻기 어렵다. 따라서 미팅 시작은 아이스 브레이크 타임으로 시작해야 한다.

회사를 방문하면서 본 주변의 풍경이나 회사 근처의 분위기, 회사에 걸린 그림 액자, 사훈 등 눈에 띄는 가벼운 이야기로 시작하는 것이 좋다. 영업의 냄새가 풍기지 않도록 잡담 수준의 대화가 바람직하다.

: : 소통의 기본은 질문과 경청이다

영업 현장에서 만나는 고객과의 관계에서 뿐만 아니라 인간관계에서 커뮤니케이션 능력이 대단히 중요하다. 내가 하고 싶은 말을 하기보다는 상대방의 마음을 읽어내고 거기에 따라 적절한 응대를 하여야 신뢰받는 사람이 된다.

우수한 영업직원이 되려면 소통능력이 좋아야 한다. 영업 활동은 기본적으로 영업직원과 고객과의 의사소통 과정이다. '커뮤니케이션을 얼마나 효과적으로 이끄는가?'가 영업의 성패를 좌우한다. 고객과 의사소통을 효과적으로 이끄는 것이 질문과 경청이다. 질문은 고객에게 관심을 표현하는 수단이고 질문을 통해 니즈를 파악할 수 있다. 경청은 고객의 생각을 알 수 있는 방법이며, 경청을 통해 적절한 솔루션을 제공할 수 있다.

: : 사전 질문지를 준비한다

고객 면담을 할 때 가벼운 이야기로 시작해서 궁금했던 사항을 자연스럽게 질문한다. 사전 조사에서 부족했던 정보나 궁금했던 사항은 적어두었다가 면담 때 질문하여야 한다. 이때 조각 맞추듯이 해당 업체에 대한 파악이 머릿속에 그림처럼 그려져야 한다.

잠재 고객에 대한 정확한 니즈 파악은 좋은 제안을 할 수 있는 지름길이다. 업체 미팅 시 사전 질문지를 구상하고 미팅에 응하면 좋다. 궁금한 사항이 완전히 해소되어야 성공적인 만남이라고 할 수 있다. 특히 기업금융 의사결정 시에는 해당 기업의 과거, 현재, 미래에 대한 정보는 좋은 의사결정의 밑거름이 된다. 회사를 방문한 후에도 해당 회사에 대해 완전한 이해가 되지 않으면 영업은 실패할 가능성이 많다. 고객에게 자신의 주장을 설득하려고 방문하는 것이 아니라 고객의 니즈를 파악하고 그 회사의 비전을 알아보기 위해 방문하는 것이어야 한다. 고객을 이해하지 않은 상태에서 자기주장만을 하면 고객의 마음은 점점 멀어져 갈 것이다.

'회사의 매출이 떨어졌죠?', '업황이 좋지 않죠?' 등의 단답형의 답변, '예스'나 '노'의 답변을 유도하는 질문은 바람직하지 않다. 고객의 소리를 자연스럽게 들을 수 있는 질문이 바람직하다. 예를 들면 '회사의 업황이 어떠한가요?', '경영상의 어려움이 없습니까?' 등, 고객 스스로 답변할 여지를 주고 많이 들을 수 있는 질문이 좋다. 질문을 통해 기업의 현황을 정확히 이해해야 해당 기업에 적절한 상품 제안이 가능하다.

: : 경청하고 공감한다

경청은 중요한 소통 수단이다. 고객의 관심 사항이나 요구 사항을 잘 듣고 궁금한 것은 질문하면서 자연스럽게 소통이 이어져야 한다. 꼭 기억해야 할 정보가 아니면 고객의 면전에서 일일이 메모하지 않는 것이 좋다. 개인 일상사나 회사의 중요 사항이 기록되는 것으로 보이면 고객은 말문을 닫아버린다.

나는 미팅이 끝난 후에 사무실로 돌아와서 중요 사항은 수첩에 메모하여 다음 번 미팅과 영업에 활용했다. 이야기를 들을 때는 고개를 끄떡이며 공감해 주어야 고객은 더 많은 이야기를 하게 된다. 자신의 이야기를 들어 주고 공감해 주면 대부분의 고객은 좋아한다. 자신의 문제에 관심을 가져 주는 사람에게 마음을 열기 때문이다.

경영의 신으로 추앙받는 마쓰시타 고노스케 이야기다. 내쇼날 창업자인 그는 마쓰시타전기기구제작소(현재의 파나소닉)를 설립하여 당대 최고의 기업으로 키워냈다. 그는 초등학교 4학년 때 중퇴를 하고 자전거 점포의 점원으로 출발하여 일본 굴지의 기업 총수가 되었다. 아흔넷의 나이로 운명할 때까지 산하 570개 기업, 종업원 13만 명을 거느린 대기업 총수 자리에 있었다. 마쓰시타 고노스케는 경영자가 갖추어야 할 덕목으로 경청을 꼽으며 다음과 같이 강조했다.

"나는 초등학교도 제대로 나오지 못했다. 그래서 어떤 사람이 무슨 말을 해도 항상 주의 깊게 들었다. 덕분에 많은 정보와 아이디어를 얻을 수 있었고 경영에 잘 활용할 수 있었다. 이것이 나에게 행운이었다. 대학을 나오고 지식이 풍부한 수많은 사람들이 그들의 지식을 자랑할 뿐 남의 이야기를 듣지 않는 것이 내게는 무척 놀라운 일이었다."

: : 고객 니즈를 파악한다

낚시를 잘하려면 좋은 어장을 찾아 물고기의 습성을 파악하고 물고기가 좋아하는 낚싯밥을 던져야 한다. 사냥을 잘하려면 사냥감의 습성을 파악하고 거기에 맞추어 사냥을 해야 성공 확률이 높다. 영업의 출발도 고객을 파악하고 고객의 니즈를 이해하는 데서 시작하여야 한다.

경쟁에서 이기고 차별화된 성과를 얻고자 한다면 겉으로 드러난

니즈뿐만 아니라 고객 마음속에 숨겨진 니즈까지 파악할 수 있어야 한다. 고객의 니즈를 잘 파악하려면 상대의 마음을 얻어야 한다. 신뢰할 수 있는 사람이라는 생각이 들어야 자신의 본심을 털어 놓기 때문이다.

: : 상품을 팔겠다는 발톱을 미리 보이지 마라

상품 제안은 고객의 니즈를 파악한 다음 상품을 설명하는 단계이다. 상품 제안에서는 고객이 객관적으로 판단할 수 있도록 상품의 정확한 사항을 잘 전달하여야 한다. 상품을 판매하겠다고 욕심을 부리면 신뢰도가 떨어진다. 핵심 사항 위주로 설명하고 질문을 많이 받는 것이 좋다.

상품 설명은 5분 이내에 간결하게 하고, 고객 이익(Benefit) 위주로 설명하는 것이 좋다. 경청을 통해 습득한 고객 니즈를 중심으로 설명하면 성공 확률을 높일 수 있다. 고객에게 상품 구매를 종용하거나 설득한다는 느낌보다는 제안 내용에 확신을 가지고 열정적인 태도로 임하는 것이 좋다.

'영업에서 발톱을 보이지 말라'는 말이 있다. 영업 냄새가 나지 않게 상품 설명을 하는 것이 구매 욕구를 높인다. 고객이 거절의사를 보이더라도 실망할 필요는 없다. 기회는 이번만 있는 것이 아니며 차후를 모색하고 보다 긴 호흡으로 관계 강화를 할 필요가 있다. 부담을 주면 고객은 다음 만남을 부담스러워한다. 고객과 좋은 관계를 유지해야 다음 번 만남과 기회가 생긴다. 신뢰가 쌓여야 몇 달 후, 1년 후 상품 판매가 이뤄지거나 거래 고객으로 맺어질 수 있다.

거절의 이유를 찾고
디테일로
승부하라

　　　　　　　　영업은 성격이 내향적인 사람이든
외향적인 사람이든 누구나 할 수 있다. 그러나 영업에 적합한 스타
일은 붙임성이 있는 사람이다. 유능한 영업직원은 얼굴이 밝고 붙임
성과 리액션이 좋다. 밝고 미소를 머금은 표정으로 상대에게 관심을
주고 리액션하며 붙임성 있게 사람을 대한다. "아, 그래요?", "정말,
대단합니다" 등의 리액션은 상대를 기분 좋게 한다. 무뚝뚝한 사람
은 리액션이 없거나 약하고 무표정하다. 무표정한 얼굴은 상대방에
게 화난 것이나 기분 나쁜 것으로 여겨질 수 있다. 선의지를 품은 좋
은 생각, 긍정적인 마음이 드러나는 밝은 얼굴은 누구에게나 호감을
준다.

: : 고객이 거절하는 이유는 무엇일까?

고객이 거절하는 이유는 무엇일까? 상품과 서비스가 마음에 들지 않거나 또는 영업하는 사람이 마음에 들지 않아서일 수도 있다. 상품과 서비스에 문제가 없고 열심히 노력하여도 성과가 오르지 않는다면 나도 모르게 내가 고객이 싫어하는 사람일 수도 있다. 그렇다면 고객은 세일즈맨의 어떤 면이 마음에 들지 않는 것일까?

첫째, 인상이 마음에 들지 않기 때문이다

좋은 이미지를 만들어야 한다. 인상은 얼굴에서 풍기는 이미지다. 좋은 인상은 밝은 얼굴과 입가에 머금은 미소에서 나온다. 첫인상을 좋게 하는 방법은 목소리이다. 일반적으로 인상에 영향을 주는 요소는 외모가 75%, 목소리가 25%라고 한다. 일반적으로 남성 세일즈맨은 중저음, 여성 세일즈맨은 높은 톤의 목소리가 첫인상에 긍정적인 영향을 준다고 한다. 목소리는 세일즈는 물론 사회생활에서도 긍정적인 영향을 미친다. 좋은 목소리는 호감을 주며 오래 기억에 남는다.

중요한 것은 고객의 목소리와 같은 톤으로 대화를 해야 한다는 사실이다. 고객이 조용히 말하는 스타일이면 조용히 말하고, 고객이 크게 말할 때 크게 말하면 커뮤니케이션 효과가 크다.

둘째, 말하는 태도가 마음에 들지 않아서이다

고객의 마음을 상하게 하거나 고객의 입장보다는 판매자의 입장에서 상품을 팔려고만 하기 때문이다. 고객의 이익이 되고 도움이 되는 상품을 판매하는 것이 아니라 자신의 영업을 위해서 열변을 토하면 고객은 금방 알아차린다. 상품 설명보다 더 중요한 것이 호감을 만드는 것이다.

상대방의 입장에서 생각하고 이야기하여 세일즈맨을 좋아하게 만들어야 한다. 마음에서 우러나오는 이야기를 하고 상대방의 꿈에 대해 이야기하여야 한다. 고객이 마음을 열기 전까지는 상품에 대해 어떤 설명도 하지 않는 것이 좋다.

셋째, 전문가가 아니라고 판단하기 때문이다

세일즈맨은 자신의 일에 프로가 되어야 한다. 자신이 파는 상품에 전문가가 되지 못하면 고객으로부터 절대 신뢰를 얻지 못한다. 고객은 여러 경쟁 회사 직원과 소통하고 있으며 그들로부터 여러 제안을 받는다. 때문에 세일즈를 하는 사람보다 더 전문적일 수 있다. 또한 고객은 어느 회사의 누가 전문가이고 신뢰할 수 있는 직원인지 금방 알아차린다. 상품과 서비스에 전문가가 되어야 하고, 고객에게 좋은 정보를 제공해 주고, 컨설팅해 줄 수 있어야 한다. 경제 상황과 시장 정보를 제공해 줄 수 있어야 하고, 고객의 애로사항을 해결해 줄 수 있어야 한다.

:: 고객과 라포 형성이 중요하다

고객과 친밀해지기 위해 골프나 술자리 같은 과도한 접대를 하는 경우도 종종 있다. 그러나 지금처럼 급격하게 변화하는 비즈니스 환경에서는 접대에 의존하기보다는 고객과 다양한 관계를 구축하여 신뢰를 얻고 정도 영업을 하는 것이 바람직하다.

고객을 만날 때 라포(Rapport) 기술을 활용하면 좋다. 라포는 프랑스어로 환자와 의사 사이의 심리적 신뢰관계를 뜻하는 말이다. 수술을 위해 마취를 해야 하는데 환자가 깨어나지 못할 것을 두려워한다면 의사는 이렇게 말할 것이다. '걱정 마시고 편안하게 한숨 주무신다고 생각하시면 됩니다. 저는 이 병원에서 20년 이상 마취만 해온 마취전문의입니다. 아무 일 없을 겁니다.' 이 말을 들은 환자는 마음을 놓고 '네 선생님만 믿겠습니다'라고 대답하게 된다. 이런 대화의 핵심이 라포이다. 환자는 의사를 믿고, 의사 역시 환자에게 확신을 주는 공감대가 형성된 셈이다.

라포는 고객과의 사이에 다리를 놓는 것과 같다. 라포가 형성되면 호감이 생기고 마음속 이야기까지 나누게 된다. 라포를 형성하는 방법으로는 공손하고 친절한 태도, 상대방의 말을 끊지 않고 듣는 경청, 긍정적인 마음과 선의지, 감사 표현처럼 상대방에 대해 관심을 나타내는 행위를 보이는 것이다.

라포는 첫인상처럼 한번 형성되면 잘 사라지지 않는다. 때문에 제대로 된 라포를 형성해 두면 꽤 오래 지속되어 차후 세일즈에 매우 유리할 수 있다. 라포 형성 시에는 상투적인 질문보다 고객의 기분이 좋아지게 만드는 질문을 많이 하는 것이 좋다. 면담을 시작할 때 가볍게 대화를 나눌 수 있는 뉴스나 영화, 가족이나 자녀에 대한 칭찬, 고객의 관심사, 고객의 취미활동 등을 소재로 삼으면 분위기가 훨씬 화기애애해진다.

에티켓으로
고객의 자존감을
높여라

거래 업체와 교류할 때 상대방이
예의 있고 친절하게 대해 주고 배려해 준다는 느낌을 주면 감사한 마음이 생기며 나도 그분에게 무엇을 해주고 싶은 마음이 든다. 서로에게 예의 있게 대하는 태도는 호감을 불러일으키게 만든다. 비즈니스에서 에티켓은 상대를 존중하는 마음과 공손함, 존중과 적극적인 경청, 관심을 보이는 자세이지 않을까 생각한다.

에티켓은 고객의 자존감과 자기존중감을 높여 준다. 다른 사람을 존중하는 사람은 반대로 자신이 존중받기 때문이다. 고객 만남 시 알아야 할 기본적인 에티켓에 대하여 이야기해 보겠다.

: : 명함은 그 사람의 얼굴이다

우리는 수많은 사람을 만나고 명함을 교환한다. 명함을 받고 만지작거리거나 구기는 것은 큰 실례이다. 대화를 마치고 명함을 테이블에 두고 그냥 나가는 것도 실례이다. 명함을 받으면 테이블 위에 올려놓고 대화 중간중간에 상대의 이름을 불러 주면 친근감과 신뢰를 줄 수 있다. 명함 매너는 자신의 인격뿐만 아니라 자신이 속한 기업의 이미지에도 영향을 미친다. 명함은 상대방에게 자신을 한눈에 소개할 수 있는 훌륭한 매체다. 처음 만나는 사람들끼리는 명함을 주고받는 것이 당연시되고 있다. 따라서 올바른 명함 매너를 익혀야 한다.

: : 악수를 통해 마음의 온기를 전달하자

악수하는 짧은 순간을 커다란 인연으로 생각하고 정성을 기울여야 한다. 맞잡은 손이 따뜻하게 느껴지고 예의 바른 사람으로 느끼도록 해야 한다. 경우에 따라서는 힘이 들어간 악수가 필요할 때도 있다. 나는 처음 만나 악수할 때 상대의 눈을 똑바로 바라본다. 눈을 맞추고 맑게 웃으며 눈을 통해 마음을 전달하려고 한다. 이건 그동안의 대인관계에서 얻은 노하우이다. 확실히 마음이 전달되는 느낌을 받고 상대방의 마음도 읽을 수 있었다. 악수할 때는 손으로 말하고 눈으로 느껴야 하며, 마음의 온기가 전달되도록 해야 한다.

: : 예의를 갖추자

고객 미팅 시 친절하고 예의 바르게 해야 하는 것은 당연하다. 예의는 사람을 기분 좋게 할 뿐 아니라 좋은 인상을 남겨 지속적인 만남의 견인차가 될 수 있다. 적게 노력하고 가장 많이 얻을 수 있는 것이 예의를 지키는 일이다.

또한 공손함은 사람의 마음을 움직인다. 세일즈맨은 항상 스스로에게 최면을 걸어야 한다. 고객을 만날 때마다 '당신을 진심으로 존경하고 사랑합니다' 하는 마음을 가져야 한다. 이러한 마음은 고객에게 그대로 전달되고 고객 역시 긍정적인 태도를 보여 주게 된다.

: : 신뢰 있는 모습을 보이자

신뢰를 얻기 위해서는 말로 강조할 것이 아니라 행동으로 보여 주어야 한다. 대화를 할 때는 상대방의 말을 잘 경청하고 신중하게 말하여야 한다. 백 번 말하는 것보다 한 번의 행동이 낫다. 사람은 눈으로 본 것을 더 신뢰하고 믿는다. 모든 비즈니스에서 중요한 것은 신뢰감을 형성하는 것이다. 커뮤니케이션에서 언어적인 커뮤니케이션보다 눈빛, 표정, 자세 등 의사전달의 비언어적인 커뮤니케이션 요소들의 영향력이 90% 이상이다. 신뢰받는 표정과 언어, 자세는 세일즈맨이 갖춰야 할 필수요소다.

:: 잘 듣고 칭찬하자

세일즈맨은 일반적으로 이야기를 많이 하는 사람이 아니다. 고객의 이야기를 많이 듣고 적절한 칭찬을 하여 멋진 고객으로 만드는 사람이다. 고수는 상대방의 이야기에 귀를 기울인다. 하수는 자기 생각을 말하기 좋아한다. 커뮤니케이션 고수와 하수의 차이는 경청과 칭찬에서 결정된다. 고수는 고객의 이야기를 잘 듣고 호기심을 이용해 정보를 얻는다. 질문을 할 때는 취조하듯이 질문해서는 곤란하고 열린 질문을 해야 한다. 취조성 질문은 단답형 대답이 돌아올 뿐이다. 고객은 자기 일에 대해 이야기하고 싶어 한다. 그 이야기를 듣고 이해하고 공감하여야 한다.

고객과의 소통을 통해 고객의 사업구조, 경영 현안, 금융거래 현황 등을 파악할 수 있고 업계의 동향을 알 수 있다. 회사의 문제점을 알 수 있다. 좋은 질문은 고객의 모든 정보를 제대로 알 수 있는 기회이다. 대부분의 사람은 자기 이야기를 하는 것을 좋아하기 때문에 잘 들어주면 누구든지 좋아한다. 우리는 코도 하나고 입도 하나다. 그런데 눈과 귀가 두 개다. 그러한 이유는 많이 보고, 많이 들으라는 조물주의 의도 때문인 것이다.

한편 인간은 칭찬받고 싶은 욕망이 많다. 고객의 이야기를 잘 듣고 칭찬을 잘 활용하면 훌륭한 세일즈맨이 될 자질을 갖춘 것과 다름없다.

:: 다시 만나고 싶은 헤어짐이 되도록 한다

사회생활에서 만날 때도 중요하지만 헤어질 때도 중요하다. 업무 미팅을 마치고 헤어질 때 마무리를 깔끔하게 하여야 한다. 오늘 만날 고객은 다시 만나지 않을 것이라고 생각하는 것은 잘못된 것이다. 언제 어디서 또 만날 수 있는 것이 세상이다. 좋은 기억으로 헤어지면 비록 그 당시 거래가 성사되지 않더라도 머릿속에 남아 있고 평판이 되어 다음번을 기약할 수 있게 된다.

헤어진 뒤에도 아쉬움이 남는 사람, 다시 연락하고 싶은 사람이 되어야 한다. 떠난 뒤에도 존재감이 큰 사람이 되어야 한다. '화향백리, 주향천리, 인향만리'라고 한다. 꽃의 향기는 백 리를 가고, 술의 향기는 천 리를 가지만 사람의 향기는 만 리를 간다는 말이다.

막막해하는
신참 세일즈맨을 위한
이야기

나는 2000년대 초 30대 중반부터 RM을 하며 신규 업체를 유치하기 위해 밤낮으로 뛰어다녔다. 공단 지역 업체를 중심으로 무작정 찾아다녔고 방문 거절을 당하기도 일쑤였다. 그러나 포기하지 않고 할 수 있다는 긍정적인 마음과 내가 고객에게 도움을 줄 수 있다는 좋은 의도를 가지고 뛰었다. 그런 과정에서 넘어지고 자빠지기도 하였지만 노력은 배신하지 않았다. 수많은 고객과 동고동락하면서 영업 현장에서 경험을 쌓아왔다. 그리고 동료 직원들의 고객관리와 영업 노하우를 가까이서 지켜보며 배우기도 했다. 여기서는 신규 기업금융 담당자나 후배들에게 가끔 코칭 삼아 하던 이야기를 정리하고자 한다. 기업 관련 마케팅을 처음 접하거나 영업을 해보지 않은 직원은 막연한 두려움을 느끼거나 막막해하고 당황하기도 한다. 영업과 마케팅 관련해서 세일즈 기법이나 영업 성공 사례를 담은 서적들이 많다. 그런 서적에서는 다루지 않는 은행원의 관점에서 실전 경험을 바탕으로 쌓아온 노하우를 중심으로 이야기하려고 한다.

: : 영업을 즐겨라

후배들에게 항상 이렇게 말한다. '영업은 어려운 것이 아니다. 즐기면서 하라.' 고객을 만나는 것이 얼마나 즐겁고 좋은 일인가. 고객과 같이 식사도 하고 차도 마시고 정보도 나눌 수 있으니 얼마나 즐거운 일이며 좋은 직업인가. 영업을 한다는 부담에서 벗어나 고객에게 놀러 가라고 항상 후배 직원들에게 이야기한다.

고객과 만나 경제와 경영, 경기 동향, 사업 동향 등의 정보를 주고받을 수 있다. 그리고 고객에게 나만의 역량과 지식으로 컨설팅해 줄 수 있다. 경기 동향에 민감한 중소기업 사장도 많지만 의외로 일하기 바빠 경제 사정에 둔감한 대표도 많이 있다.

세일즈는 어려운 것이 아니다. 고도의 전문적인 능력이 아니라 우리의 일상처럼 자연스러운 일로 접하면 된다.

: : 정글로 뛰어들어라

생태계의 변화에 따라 우주만물이 변화하듯이 기업도 변화한다.

새로운 기업이 생성되고 발전하며 적응하지 못하는 기업은 도태되기도 한다. 기업도 변화하는 환경에 적응하며 시장의 흐름을 따라 잡아야 한다. 세일즈맨도 시장과 환경 변화에 잘 적응하고 성장하는 기업을 찾아내야 한다. 그러기 위해서는 항상 공부하며 시장 트렌드를 읽을 수 있어야 한다. 늘 새로운 고객을 발굴하고 지속적인 만남을 가지며 고객과 관계를 맺어야 한다. 세일즈맨이 사무실 책상에 앉아 있으면 생태계의 변화, 시장의 변화를 알 수 없다. 변화하는 환경에서 세일즈맨이 살아남기 위해서는 끊임없이 공부하고 시장 트렌드를 읽고 필드로 뛰어나가야 한다.

:: 고객 눈높이에 맞춰 대화하라

세일즈맨은 영업 현장에서 다양한 사람들과 만나고 소통한다. 이때 고객의 코드에 맞는 말투, 격식, 복장 등 고객과 동질감을 갖도록 해야 한다. 사람은 동질감을 느낄 때 쉽게 친해지며 서로 관계가 강화된다. 동향, 동창, 비슷한 출신과 쉽게 친해질 수 있듯이 내용 못지 않게 형식도 고객의 코드에 맞출 필요가 있다. 고객의 눈높이에 맞는 화술로 진솔하게 소통해야 한다.

유식하고 전문가적인 식견을 가진 사람에게는 세련되게 말하고, 자유롭고 편하게 말하는 사람에게는 편안한 어투의 화술이 필요하다. 분위기나 예의범절을 중요시하는 사람에게는 최대한 예의를 가지고 대하여야 한다. 자영업을 하는 사장에게는 편안하게 느낄 수 있고 신뢰감을 줄 수 있는 모습으로 고객을 대하여야 한다.

:: 시간, 장소, 상황에 맞는 복장을 하자

세일즈를 할 때 단정한 모습과 깔끔한 복장은 고객에게 신뢰와 안정감을 준다. 너저분한 통바지에 구겨진 와이셔츠는 좋지 못한 인상을 준다. 고객 미팅 시 상황에 맞는 복장을 해야 한다. TPO(Time, Place, Occasion), 즉 시간, 장소, 상황에 맞는 옷을 입어 고객과 코드를 맞추어야 한다.

'옷이 날개'라는 말이 있다. 누구든 옷을 잘 입으면 인물이 훨씬 돋보인다. 첫인상은 짧은 시간 내에 결정된다. 인상을 판단할 때 가장 중요하게 취급하는 정보는 외모나 복장 같은 겉모습이다. 복장은 그 사람의 정직성을 판단하는 데까지 영향을 미친다. 복장을 바꾸면 태도와 행동도 그에 맞게 달라진다. 평소에 점잖은 사람도 예비군복을 입으면 행동거지가 달라진다. 깔끔한 셔츠에 넥타이를 매고 정장을 입었을 때와 수염도 깎지 않고 헝클어진 머리와 반바지에 슬리퍼를 끌고 다닐 때 자세뿐 아니라 사용하는 어휘와 말투도 달라진다. 우리의 차림새는 우리를 바라보는 사람의 평가뿐만 아니라 우리 자신의 태도까지 바꾼다.

복장이 주는 이미지는 생각보다 크기에, 상황에 맞는 옷을 입어야 한다. 사무실에 방문할 때는 깔끔한 와이셔츠와 정장, 반짝이는 구두가 알맞다. 하지만 공장을 방문할 때는 단정하면서 활동성 있는 잠바

차림이 좋다. 나는 기업금융지점 RM시절 반월공단, 남동공단, 부천공단 등 공단 지역을 많이 다녔다. 공단 지역 소규모 중소기업 대표들은 기름때 묻은 잠바를 입고 기계를 만지며 생산 현장에서 열심인 분들이 많다. 나는 공장을 방문할 때 여름철에는 회색 잠바를, 겨울철에는 검정색 잠바를 입었다. 현장에서 일하고 있는 사장님과 미팅 때 하얀 와이셔츠에 넥타이 복장은 고객에게 이질감을 주기 때문이다.

:: 이익을 주겠다는 선한 마음으로 고객을 만난다

영업직원은 고객을 만나는데 철학이 있어야 한다. 영업은 고객에게 혜택을 주는 것이다. 나의 이익이 아니라 고객에게 이익이 될 수 있는 이야기를 해야 한다. 고객에게는 금융 컨설팅 전문가로서의 인식을 심어줄 필요가 있다.

고객에게 혜택을 설명하고 고객이 선택하면 결국 우리 회사에 이익이 된다. 개인적인 경험으로는 CFO, CEO를 면담하면 시간이 문제이지 50% 이상은 성공이라고 생각한다. 나는 항상 내가 고객에게 도움을 줄 수 있다는 마음으로 고객을 만난다. 긍정적인 마음으로 즐겁게 만나려고 하고 선한 마음으로 고객을 만나려고 한다. 선의지가 고객에게 전달되고 긍정적인 마음이 서로의 마음을 통하게 한다.

2장

팔지 않아도
사게 만드는
영업 노하우

01

세일즈는
고객의 거절에서
시작된다

철저한 계획과 사전 준비, 아이디어로 고객을 방문하고 나의 고객으로 만드는 작업이야말로 세일즈의 핵심이다. 세일즈맨은 대부분의 시간을 고객을 만나러 나가야 한다. '영업하는 사람은 얼굴이 두꺼워져야 한다'는 말이 있다. 얼굴이 두꺼워져야 한다는 것은 예의 없이 고객을 대하라는 의미가 아니다. 얼굴이 아니라 마음이 두꺼워져야 한다는 것인데, 이는 고객의 거절을 자연스럽게 받아들일 수 있어야 한다는 의미이다.

:: 고객의 거절은 또 다른 기회가 된다

나는 업체의 거절에 상처를 받지 않는다. 수많은 경험을 했으므로 고객의 거절을 자연스럽게 받아들인다. 세일즈는 고객의 거절에서 시작된다. 고객의 거절은 영업의 시작 신호이지 거절 신호가 아니다. 많이 거절을 당할수록 더 빨리, 더 확실하게 성공할 수 있다. 이렇게 생각하면 고객의 거절이 고통이 아니라 성공을 위한 희망으로 여겨진다.

거절 후에도 고객에게 긍정적인 태도를 보이며 선의지로 좋은 정보를 지속적으로 제공하면 시간이 문제이지 언젠가는 나의 고객이 되었다. 영업을 잘하는 사람도 처음부터 잘하는 것은 아니다. 웅진그룹의 윤석금 회장도 〈브리태니커〉를 들고 방문판매를 할 때 초인종을 누르기가 겁이 났고, 집주인이 문을 열어 주어도 말은 안 나오고 얼굴만 빨개져 도망치듯 되돌아왔다고 한다. 나는 30대 중반부터 기업금융지점에서 RM 생활을 했다. 처음에는 낯선 업체를 방문하기가 두려웠다. 무슨 말을 해야 하는지 막막했다.

RM 초기에는 기업금융 마케팅 인력으로서 업체를 분석하고 아파트형 공장 사무실을 숱하게 다녔다. 용감하게 회사 입구까지 갔지만 회사 앞에서 초인종을 누를까, 말까 하는 고민에 빠졌다. '어디서 오셨어요?'라고 물어 '인근 은행에서 왔다'고 대답하면 문을 열어 주지 않는 경우가 다반사였다. 하지만 그것도 경력이 붙고 경험이 쌓이면서 요령이 생기고 조금 능청스러워졌다. '어디서 오셨어요?'라고 물으면 '사장님 뵈러 인근 은행에서 왔어요'라고 말한다. '약속하였어요?'라고 또 물어보면 사장님과 아는 사이라고 하던지, 소개받았다고 둘러대곤 했다. 그렇게 사무실로 들어가 사장님과 미팅을 하기도 했다.

: : 많이 연락하고 많이 방문하라

영업을 잘하려면 많이 연락하고 방문해야 한다. 한두 번 해서는 안 된다. 한두 번으로는 노하우가 생기지 않는다. 동전 던지기를 해 보면 알 수 있다. 동전을 던지면 당연히 앞면이 나올 확률이 50%이고 뒷면이 나올 확률이 50%다. 그런데 동전을 던져 보면 딱 그렇게 떨어지지 않는다. 영업도 마찬가지다. 초기에는 10군데 이상 전화를 걸어 대부분 퇴짜를 맞기도 한다. '영업이 어렵구나. 난 안 되는구나' 하고 좌절하기도 한다. 그러나 동전을 수천 번 던지면 앞면과 뒷면이 나올 확률은 50:50에 가까워진다. 이것이 대수의 법칙이다. 많이 시도하면 확률이 일정해진다. 영업도 이렇게 많이 해야 성공 확률이 높아진다. 많이 할수록 경험이 쌓이고 요령이 생긴다.

실패를 두려워하면 도전할 수 없으며, 도전하지 않으면 성공에 도달할 수가 없다. 사실 생각해 보면 갈 곳이 없는 것이 아니라 용기를 못 내는 것이다. 용기를 내어 고객을 방문하면 못 만날 사람은 없다. 마음먹기 나름이다. 세일즈맨이 정글에서 뛰지 않고 사무실에 앉아서 문제점만 타령하고 있다면 누가 먹이를 가져다주는가. 사무실에 앉아 있는 시간보다 더 많은 시간을 길 위에서 보내고 현장에서 사람을 만나야 한다. 많은 사람을 만나다 보면 요령이 생기고 지혜가 생긴다.

02

대화의 주인공은
고객이
되게 하라

영업 현장에서 고객과 끊임없이 소통하게 된다. 고객과 소통할 때 대화의 스킬이 중요하다. 말을 할 때, 자기 말을 가장 많이 듣는 사람도 자신이고, 가장 먼저 듣는 사람도 자기 자신이다. 어떤 마음을 가졌는가에 따라서 말의 내용이 달라진다. 어떤 정신 상태로 대화에 임하느냐에 따라 말이 달라지고 행동도 달라진다. 말로 그 사람의 생각을 알 수도 있고 말에 생각이 드러나기도 한다. 고객과의 대화를 할 때 고객의 호감을 이끌어내고 긍정적으로 소통할 수 있어야 한다.

나는 선의지를 가지고 긍정적인 자세로 상대방을 대하면 진심이 전달된다고 생각한다. 사람의 말은 마음의 창이기 때문이다. 고객과 좋은 관계를 맺고 신뢰를 형성하고 싶은 마음은 얼굴과 말투로 전달된다. 이는 신뢰의 기초가 된다. 고객에게 신뢰받고 설득할 수 있는 대화의 기술을 정리해 본다.

: : 고객이 주인공이다

처음 보는 사람과의 대화에서는 공통의 관심사를 찾는 것이 중요하다. 공통분모를 찾기가 힘들면 패션과 액세서리, 헤어스타일 같은 것에 대해 관심을 보이면 된다. 대부분의 사람은 자기 위주로 대화하는 것을 좋아한다. 정도의 차이는 있지만 자신이 대화를 주도하고 싶어 한다. 사람의 그런 욕구를 다루기로 마음먹고 대화의 순간을 상대위주로 흘러가도록 해야 한다. 내 이야기는 할 기회가 되면 그때 하면 된다.

《데일 카네기의 인간관계론》에서는 자기가 세상의 주인공이 될 생각을 말아야 한다고 한다. 자기는 자기 삶에서 주인공이지 상대방과의 대화에서는 절대 자기가 주인공이 될 필요가 없다. 인간은 자신을 중심으로 세상을 바라보고 생각한다. 다른 나라에서 벌어지는 전쟁보다 자기 발가락에 생긴 작은 상처에 더 관심이 많은 것이 인간이다. 대화할 때 나의 관심사가 아닌 상대방의 관심사를 주제로 이야기해야 한다.

: : 이름을 불러준다

사람들은 누구나 자기 이름이 들리면 고개를 돌리며 관심을 가진다. 자신의 이름은 지구상의 어떤 것보다 자신에게 가치가 있고 소중하다. 나의 이름을 부르고 거기다가 칭찬을 곁들여 줄 때 나는 자존감이 높아지는 것을 느낀다. 그리고 이름을 불러주는 사람에게 감사하게 된다. 나도 그런 점에 착안하여 회의시간 등에서 직원들의 이름을 부르곤 한다. 인간은 자기의 존재감을 높이고 싶고 자기가 소중한 존재로 인정받기를 원한다.

고객과의 미팅 시 특히 여러 사람이 있을 때 상대방의 이름을 불러주면 상대는 호감을 느끼게 된다.

: : 스토리는 힘이 세다

고객은 복잡한 설명보다 가슴에 와 닿는 한마디에 마음을 연다. 구구한 설명보다는 단순 명쾌한 한 줄의 메시지가 훨씬 오랫동안 마음에 남는다. 고객의 니즈나 욕망을 터치해 주면 마음이 열리는 것이다. 제대로 된 스토리텔링은 상품의 매력도를 높이고 기억에 오래 머물게 한다. 일방적으로 자사의 상품 자랑만 하는 것은 곤란하다. 과장된 이야기는 신뢰를 깨고 반감을 사게 된다. 좋은 스토리는 사실에 기반한 것이어야 한다. 그리고 고객이 금방 이해할 수 있어야 한다.

본부에서 한때 기업 CMS 마케팅 팀장을 한 적이 있다. 우리나라

시장에서 CMS 초기 영업을 할 때이다. CMS 상품을 소개하면 기업들은 낯설어했고 CMS 도입에 난색을 표했다. 다른 나라 사례를 언급하고 CMS 상품을 시연하고, 미리 도입한 회사의 사례를 설명하며 시간과 비용이 절감된다고 설득을 했다. CMS는 금융기관 최초의 상품으로, 도입을 하면 향후 은행과 금융기관을 방문할 필요가 없어지고, 전 금융기관 거래를 한눈에 파악할 수 있다. 그리고 기업 자금관리를 효율적으로 관리할 수 있다.

먼저 도입한 기업의 사례를 인용하며 많은 스토리를 만들고 스크립트를 제작하여 암기하였다. 스토리를 기반으로 고객에게 PT를 하여 초기에 많은 업체가 신규 가입을 할 수 있도록 하였다. 스토리가 없었다면 초기 CMS 시장에서 포지션을 유지하기가 어려웠을 것이다.

:: 스토리텔링은 쉽고 간결하게

세일즈를 잘하기 위해서는 제품과 서비스가 좋아야 하지만 좋은 스토리를 가지고 있어야 한다. 판매를 위한 스토리텔링은 광고 카피나 신문기사 헤드라인처럼 쉽고 간결해야 한다. 똑같은 내용도 사람에 따라 다르게 표현하는 경우가 많다. 상품을 설명하면서 전문용어를 사용하거나 어려운 말을 잔뜩 하는 사람이 있다. 똑똑한 것처럼 보일지 몰라도 고객의 마음을 얻기는 어렵다. 스토리텔링으로 쉬우면서도 간결해야 한다.

배우가 대사를 반복해서 연습하듯이 상품을 판매하는 영업직원도 말의 표현을 극대화하기 위해 연습이 필요하다. 목소리, 톤, 표정, 손짓 등을 연습하면 고객이 스토리를 받아들이는 정도가 달라진다. 말을 잘해도 알맹이가 없고 말만 번드레하면 자칫 공허해질 수 있다. 영업을 잘하려면 상품과 서비스에 대해 전문가가 되어야 하고 끊임없이 공부하여 많은 정보를 가지고 있어야 한다. 상품에 대한 정확한 지식과 소통의 스킬이 스토리와 합해질 때 영업이 경쟁력을 가지게 된다.

: : '계란을 하나 넣을까요? 두 개 넣을까요?'

하늘 아래 새로운 것이 없는 것이 아니라 새로움을 발견하지 못하는 것이다. 결국은 언어로 설득하고 언어로 이겨야 한다. 좋은 제품이나 서비스를 만든다고 잘 팔릴까? 중요한 것은 고객의 마음이고 고객의 선택이다. 고객의 선택을 얻는 대화의 기술 사례를 살펴보자. 생선 가게에서 생선을 팔고 있다. 한쪽 가게에서는 이렇게 말한다. '오늘 올라온 생선입니다. 빨리 사셔요.' 다른 쪽 가게에서는 이렇게 말한다. '남해에서 방금 올라온 싱싱한 생선입니다. 어떤 것을 골라 드릴까요? 생선이 금방 팔리기 때문에 지금 안 사면 금방 떨어집니다.' 어떤 멘트가 고객의 선택을 받을까?

또 다른 사례를 보자. 한 마을에 죽을 파는 두 가게가 있다. 두 가게는 맛도 가격도 손님도 비슷했지만 늘 한 가게만 매출이 높았다.

그래서 컨설턴트가 두 가게를 지켜보면서 판매 상황을 분석했다. 오른쪽 가게의 직원은 죽을 내오면서 손님에게 물었다. '계란을 넣을까요? 넣지 말까요?' 왼쪽 가게의 직원은 이렇게 물었다. '신선한 계란을 하나 넣을까요? 두 개 넣을까요?' 질문의 차이가 죽 판매에 영향을 미쳤던 것이다. 질문의 작은 차이가 결과를 크게 다르게 만들어냈다.

: : 기록은 기억을 압도한다

'녹슨 연필이 명석한 두뇌보다는 낫다'는 말이 있다. 고객과 만남 후에는 고객과 대화 내용을 노트에 기록하고 다시 만났을 때 숙지하고 이야기하면 고객은 깜짝 놀라고 신뢰하게 된다. 메모하는 습관은 비즈니스 현장에서 매우 중요하다. 사람의 기억력은 한계가 있어 잊어버리고 망각하게 된다. 아무리 뛰어난 머리도 메모만큼 기억하지 못한다. 사소한 일상도 메모하는 습관으로 비즈니스에서 승자가 되자.

나는 고객을 만날 때, 신문을 읽을 때, 책을 읽을 때 등등 중요한 내용이 있으면 스마트폰에 메모하는 습관을 가지고 있다. 나의 메모 습관은 엄청 오래된 것으로 스마트폰을 바꿀 때는 메모를 백업한다. 나의 스마트폰은 많은 분량의 정보가 있다. 아마도 간단한 책 한 권을 낼 수 있을 분량이 될 것이다. 경제, 경영 이슈, 경제용어, 리더십, 좋은 글과 시, 여행, 부동산 정보 등 카테고리 별로 챕터를 만들어서 메모하고 시간 날 때 읽어보곤 한다.

　메모는 뇌 기능을 활성화하고 기록을 하면서 장기기억으로 넘어간다고 한다. 메모를 하면 두뇌가 체계적으로 변한다. 그리고 대화 시 간단하고 명료하게 이야기할 수 있게 한다. 고객과의 미팅 시 중요 사항은 반드시 메모를 하여야 한다. 기록은 기억을 압도한다. 메모는 다음 만남 때 알토란 같은 정보가 된다.

03

많이 뿌린 씨앗만큼
많은 열매를
거둘 수 있다

디지털 시대가 도래하여 모든 것이 디지털화되어 가고 있다. 하지만 기업 고객 대상 세일즈는 대면 접촉이 중요하다. 범용화된 상품 판매나 소매시장에서의 판매는 디지털로 가능하겠지만 기업과 기관 대상 비즈니스는 복잡하고 고려해야 할 사항이 많아 대면 영업이 꼭 필요하다. 많은 고객을 만나고 접촉하다 보면 마케팅 기회가 생기고 좋은 열매를 맺기도 한다. 마치 많은 씨를 뿌리면 많은 새싹이 싹트고 낚싯줄을 많이 드리우면 고기를 많이 잡을 확률이 높은 것과 비슷하다.

세일즈를 하는 사람은 발품의 수만큼 성과를 창출할 수 있다. 얼마나 많은 시간을 고객과 더불어 보냈는지가 성패를 결정한다. 가망 고객 리스트를 가지고 고객에게 연락하고 찾아가고 관계를 맺는 활동이 일상화되어야 한다.

:: 발품을 파는 만큼 수확을 얻는다

나는 지나가다가도 업체 간판이 보이면 차를 세우고 업체 정보를 스마트폰으로 조회하고 회사를 방문하기도 하였다. 물론 한 번의 방문으로 거래가 성사되는 경우는 잘 없다. 하지만 열심히 씨를 뿌리는 마음으로 돌아다니면 수확은 서서히 이루어진다.

영업은 발품이라고 한다. 책상에서 생각하고 판단하고 안 될 것이라 생각하면 확률이 제로지만 찾아가서 대화하고 소통하고 친밀해지면 고객의 속마음을 알게 되어 거래가 성사될 확률이 높아진다. 한 번의 방문이나 연락으로 거래가 이루어질 수 없는 것이 당연하다. 아무리 좋은 제안이라도 신뢰가 형성되지 않으면 거래가 이루어지기 어렵기 때문이다. 조금 손실이 나더라도 고객은 장기적인 관점에서 거래 여부를 판단할 것이다. 그러나 사람에 대한 신뢰가 형성되어 있지 않으면 거래 성사가 이루어지지 않는다.

나의 경험으로는 업체를 처음 방문하고 안면을 트기까지가 어렵지 그 뒤에는 업체 방문이 한층 수월하였다. 기업체 사장님이나 직원들과 친분 관계를 맺어두면 방문 시 항상 반갑게 맞아 주었다. 업체를 방문할 때는 직원들이 좋아하는 빵이나 음료, 제철 과일 등 부담 없이 같이 먹을 수 있는 것을 사서 들고 가면 직원들과 유대도 강화되고 가족 같은 분위기를 연출할 수 있다.

수확은 어떻게 이루어지는가. 땅을 파고 씨를 뿌리고 정성껏 가꾸고 한참을 기다려야 열매가 맺는다. 씨앗을 10개를 뿌렸다고 10개 모두 싹이 트고 10개 모두에 열매가 맺는 것은 아니다. 어떤 것은 새에게 먹히고, 어떤 씨앗은 병들어 썩고, 어떤 것은 말라 죽는다. 그중에 몇 그루가 잘 성장하여 열매를 맺는다. 거두어들이려면 반드시 뿌려야 한다. 좋은 토양에 많이 뿌릴수록 많이 수확할 확률이 높다. 고기를 잡으려면 황금어장을 찾아 나서서 낚싯대를 드리우고 머리를 쓰고 노력해야 한다. 마찬가지로 세일즈맨은 문밖으로 뛰어나가서 많은 고객을 만나야 한다.

: : 씨앗을 뿌리고 정성을 쏟아라

충남 당진 지역에서 지역본부장으로 근무할 때 이야기다. 공단 지역에 우량 기업이 있어 수차례 찾아가고 타 금융기관보다 좋은 제안을 하여도 거래 성사가 어려웠다. 1년 정도 관계를 맺고 신뢰가 형성되니, 어느 날 사장이 찾아와서 거래를 하자고 했다. 기업은 좋은 때도 있지만 어려울 때도 있고 경기나 주변 환경에 따라 부침이 생기기 마련이다. 열연강을 제조하는 업체였는데 사업 확장을 위해 새로운 공장 부지 조성이 필요하다며 찾아왔다. 1년 전만 해도 거래 제안을 거절했지만 새로운 사업 기회가 생기면서 거래 은행과 KB를 비교하고 은행 업무도 분산하고 싶어 했다. 그 당시 거래 성사로 지금도 주요 고객으로 거래하고 있다. 평소에 꾸준히 연락하고 찾아가며 지내니 어느 순간 고객이 찾아오는 것이다.

: : 10시부터 4시까지, 밖으로 나가 고객을 만나자

영업하는 사람은 고객을 만나러 문밖으로 나가야 한다. 나는 기업 금융지점에서 RM을 할 때나 지점장, 지역본부장을 할 때 무조건 하루에 3군데 이상 업체는 나간다는 원칙을 철칙으로 삼았다. 나는 기업금융지점에서 RM 생활을 7년 남짓 하였다. 이때는 '10 to 4'를 실천하였다. 즉 아침에 출근하여 간단히 내부 업무를 보고 오전 10부터 오후 4시까지 영업활동을 위해 외부에서 고객과 함께하는 것이다. 점심식사도 고객과 함께했다. 오전 10시부터 오후 4시까지는 기존 거래 업체 방문과 신규 업체 유치를 위해 외부로 영업을 다녔다.

영업하는데 갈 데가 없다는 것은 불쌍한 사람이다. 업체는 무수히 많다. 점주권 업체, 잠재 고객 리스트, 상공회의소 명부, 신설 업체 명부, 사업하는 친구, 동창, 선후배 등등 대상 고객은 수두룩하다. 단지 자신감이 없어서 다니지 않을 뿐이다. 자신감을 가져야 한다. 부끄러울 것이 하나도 없다. 기업체를 다니면 정보도 얻고 고객과 관계도 강화된다. '영업은 발품'이라는 말이 정답이다. 기업체를 다니면서 경제, 경영, 금융 정보도 제공하고 애로사항을 청취하고 금융 컨설팅도 해주면 누가 싫어하겠는가.

04

세일즈에서
근성과 열정이
필요한 이유

비즈니스의 세계는 정글과 같다.
정글에서 살아남기 위해서는 남다른 노력과 열정으로 뛰어야 한다.
약육강식의 세계에서는 내가 잡아먹지 않으면 잡아먹히게 되어 있
다. 초원에서 사슴을 발견한 늑대는 잘 짜인 조직력으로 300~700킬
로미터까지 달려가는 사슴을 사냥한다. 자신보다 훨씬 무게가 나가
는 사슴을 끝까지 추적하여 먹잇감으로 포획한다. 치열한 경쟁 환경
에서 이기기 위해서는 남들보다 한 발자국 미리 뛰고 끝까지 포기하
지 않는 근성과 끈기가 필요하다. 어떤 분야에서든 성공적인 목표수
행을 위해서는 열정과 근성이 필요하다. 특히 무에서 유를 창조해야
하는 영업의 세계에서는 목표 달성을 위해서 더더욱 열정과 근성이
필요하다.

영업 현장은 치열하다. 경쟁사도 많고 경쟁자들도 많다. 고객이 있는 곳이면 어느 곳이든 경쟁이 도사리고 있다. 고객도 시장도 항상 변하기 때문에 고객을 찾아 나서야 한다. 변화가 빠르기 때문에 고객에게 항상 좋은 정보를 제공하고 소통하여야 한다. 고객은 항상 떠날 준비가 되어 있다. 잘 거래하던 고객이 갑자기 이탈하기도 하고, 고객의 요구사항을 들어줄 수 없는 경우도 생긴다. 고객은 내 생각대로 움직여 주질 않는다. 자사의 상품과 서비스가 타사에 비해 경쟁력이 떨어지는 경우도 있다. 생각처럼 영업이 녹록치 않지만 열정을 가지고 고객을 만나고 진심을 다해야 한다. 열정은 주인의식에서 나오고 자신감을 불러일으킨다. 근성은 실패와 역경을 딛고 일어서게 만든다.

영업 목표가 주어지면 목표 달성에 대한 중압감이 생긴다. 그리고 목표를 향해 달리다 보면 피로와 스트레스가 쌓이고 슬럼프에 빠져 의욕을 잃을 수도 있다. 목표 달성을 위해 열정을 쏟을 수 있는 방법은 무엇일까? 바로 목표에 대한 주인의식을 갖는 것이다.

자랑스러운 회사의 세일즈맨으로 자존감과 자부심을 가지고 뛰어야 한다. 주어진 목표에 대해 할 수 있다는 자신감으로 책임을 질 때 동기부여가 되고 노력하게 된다. 스스로의 목표를 정하고 목표 달성을 위해 열정을 가지고 뛴 후 성과를 이루고 그 성취감을 느껴 보자.

:: 노력은 배신하지 않는다

초임 지점장 시절 나는 영업 목표를 달성하기 위해서 지점 인근 점주권이나 공단 지역 업체를 매일 3군데 이상 돌아다녔다. 아침에 출근하면 1시간 정도 내부 업무를 마치고 고객을 만나러 갔다. 나의 목표는 하루 3군데 이상의 신규 업체 방문이었다. 비가 오나 눈이 오나 하루에 3군데 이상의 업체는 방문하였다. 전날 퇴근하기 전에 내일 방문할 업체를 선정하고 사전에 전화 약속을 하는 것이 퇴근 전의 주된 업무였다.

그러나 전화를 해 보면 미팅 잡기가 무척 어렵다. 경리 담당 직원이 전화를 받으면 대표가 부재중이라고 하던지, 대표자가 있어도 바꾸어 주지 않는 경우가 많다. 중소기업의 경우 사장의 휴대전화 번호를 알아내어서 메시지를 넣고 인사를 나눈 뒤 나중에 연락을 하고 미팅을 잡는 것도 요령이다. 사실 대표자와 미팅 약속만 되면 그 뒤는 시간이 문제이지 거래의 성사는 이루어졌다.

전화 미팅이 안 잡히는 경우 지역별로 가망 고객으로 선정한 리스트를 가지고 무작정 방문하기도 했다. 공단지역 공용주차장에 차를 세워두고 기업체를 방문하여 사장이나 직원을 만났다. 노력은 절대 배신하지 않는다. 몇 군데 업체를 방문해 '어떻게 오셨어요?'라고 물어오면 여직원에게 사은품과 명함을 건네고 은행 지점장인데 사장님을 만나 보려고 찾아왔다고 소개한다. 처음부터 사장을 만날 수 있으면 행운이다. 이때 사장을 만나 인사를 나누고 미팅을 하고 친분을 쌓고, 다음에 정식 미팅을 약속하여 관계를 강화해 나가기 시작하면 언젠가는 나의 고객이 되었다. 사장을 만나지 못하면 명함과 작은 사은품을 사장님 책상에 전달해 주기를 부탁하고 차후에 연락을 하였다.

: : 틈새시장과 블루오션을 찾자

고기가 많은 곳에는 낚시꾼도 많다. 마찬가지로 공단 지역 등은 여러 금융기관의 경쟁이 치열한 편이다. 자기만의 노하우로 고기를 낚듯이 자신만의 특화된 영업 방식이 필요하다. 레드오션 시장에서 치열하게 경쟁하기도 하지만 거리가 먼 외곽에 있는 업체는 의외로 블루오션 시장이다. 지점장 시절 경북 김천의 외진 곳에 홀로 우뚝 서 있는 업체를 발견했다. 업체에 대해 사전 분석을 한 다음 공장을 수차례 방문하여 거래를 성사시키고 평생 고객화를 한 경험이 있다.

대표에게 연락하여 좋은 업체라서 한번 방문하고 싶다고 하여 일정을 잡고 방문하였다. 김천의 외진 곳이라서 주변에 은행이 없고, 금융회사 직원들의 방문이 많지 않아 호의로 환영해 주었다. 애로사항을 청취하고 금융 상품을 제안하여 종업원 거래 등 회사의 금융거래 전체를 유치하였다. 멀리까지 수차례 방문하고 금융 컨설팅을 해 준 것에 대한 감사의 표시였다.

그 이후에도 나는 지점장 시절 경쟁이 치열하지 않은 도심 외곽에 위치한 업체를 대상으로 마케팅을 하여 많은 성과를 창출하였다. 경쟁이 치열한 도심보다 외곽은 경쟁사들의 손길이 미치지 않는 곳이 많다는 것을 알게 되었다.

: : 자신감을 가지고 밀고 들어가라

비즈니스의 세계는 치열하다. 무조건 고객을 만나러 문을 밀고 들어가야 한다. 부끄럽다고 생각하면 그 직원의 영업은 죽은 것이다. 사무실을 나오는 순간 갈 곳이 없는 세일즈맨은 불행한 것이다. 자신감 있게 고객을 만나러 나가야 한다. 누구든지 두려워하지 않고 만날 수 있어야 한다. 낯선 고객과 만나는 것에 느끼는 두려움을 없애야 한다. 세상에 못 만날 사람은 없다. 현장에서 무수한 사람을 만나 보았지만 사람은 기본적으로 자기를 존중해 주고 이해해 주면 좋아한다. 자기에게 이익이 되고 좋은 정보를 주면 누구나 좋아한다.

어떤 사람도 만날 수 있다는 자신감으로 상대의 눈높이에 맞추어 대화할 수 있어야 한다. 사무실에 앉아 있는 시간보다 더 많은 시간을 길 위에서 보내야 한다. 경쟁사와 치열하게 싸우는 현장에서 영업직원의 자신감은 고객에게 전달되고 상품과 서비스를 구매하고픈 욕구를 만들어 낸다. 영업직원이 자신감이 없으면 결과는 뻔한 것이다. 거절에 대한 두려움 때문에 말문을 못 여는 경우도 있다. 제안하고 거절하는 과정을 자연스럽게 생각하고 거절을 전쟁 중 병가지상사로 생각하여야 한다.

내가 제안하는 상품과 서비스가 고객에게 유익함을 주는 것이라

는 확신을 가져야 한다. 스스로 하는 일에 자기 확신이 있어야 당당
하고 열정을 가질 수 있다.

: : 끝까지 포기하지 않는 근성과 회복탄력성

영업을 하다가 보면 잘될 때도 있지만 어려움에 직면하거나 일이
잘 안 풀릴 때도 있다. 한두 번의 실패에도 굴하지 않고 도전하고 또
도전하며 최선을 다하는 것이 근성이다. 앞에서도 얘기했지만 어려
움에 처했을 때 나는 스프링의 근성을 생각한다. 스프링은 누르면 누
를수록 더 튀어 오르는 속성이 있다. 안 되면 포기하는 것이 아니라
스프링처럼 다시 한 번 더 높이 뛰는 것이다. 세게 치면 칠수록 더 높
이 튀어 오르는 공처럼 바운드하여 바닥을 치고 올라가야 한다. 열
번 찍어 안 넘어 가는 나무 없다고 한다. 지레짐작으로 안 된다고 판
단하고 포기하면 절대로 이룰 수 없다.

영업성과로 자신과 조직을 평가받는 세일즈맨에게는 절대적으로
회복탄력성이 필요하다. 세일즈맨은 신규 고객 발굴, 고객관리, 고객
만족, 매출과 수익으로 평가받게 된다. 항상 최상의 성적을 이루어내
기란 쉽지 않다. 주어진 목표를 달성하고 슬럼프가 왔을 때 잘 극복
하기 위해서는 실패에도 굴하지 않는 회복탄력성이 필요하다.

회복탄력성이 좋은 직원은 고객으로부터 거절을 당하더라도 낙담
하지 않고 열정을 다하게 된다. 바이러스에 감염되지 않기 위해 면역
력을 키우듯이 고객의 거절에도 평정심을 잃지 않고 버티어 내어야

성장하게 된다. 실패 경험은 실패로 끝나는 것이 아니다. 배울 것은 무엇인지 되새기고 자신을 가다듬고 잘못된 점을 고치려고 노력하여야 한다.

지속적인 발전을 이루고 성공한 사람들의 공통된 특징은 역경을 딛고 일어난 사람들이다. 강한 회복탄력성으로 다시 튀어 오르는 사람들은 대부분 원래 있었던 자리보다 더 높은 곳까지 올라간다. 성공한 사람들 중 한두 번 실패를 경험하지 않은 사람은 없다. 대부분 실패를 거울삼고 성공의 디딤돌로 만들었다.

한두 번 만남으로는 거래가 절대 성사되지 않는다. 시간과 노력이 모여서 결과를 만들어 내는 법이다. 영업 기회는 주어지는 것이 아니라 스스로 찾아 나서는 것이다. 영업에 성공하기 위해서는 장기적인 관점에서 고객과 접촉하고 관리해 나가야 한다. 열정과 근성으로 이루어진 성과는 잊지 못한다. 자신에게 성취감을 주고 고객과의 관계는 가까워진다.

05

세일즈를 위해 배우처럼 연기하라

세일즈를 하는 사람은 고객이 있는 곳이면 어디든지 찾아가야 한다. 인근 기업, 상공인, 점주권 업체, 교회, 성당, 사찰도 찾는 용기가 필요하다. 친구나 친척을 찾아갈 수 있는 마음 자세도 필요하다. 고객에게 이익과 정보를 준다고 생각하면 부담스럽지 않다. 고개를 들어 주변을 잘 살펴보면 많은 기업과 업체가 있다. 자존심 때문에 또는 부끄러워서 연락하지 못하고 방문하지 못하는 경우를 많이 본다. 부끄러워하는 것은 자신의 생각이고 마음인 것이다. 영업은 고객에게 손실이 아니라 이득을 주는 것이다. 컨설팅을 해주고 좋은 정보를 주면 고객과 깊은 관계를 맺을 수 있다. 용기를 내어 연락하고 방문하면 고객은 반갑게 맞아준다.

: : 경비가 막아선 정문을 통과하다

지점장 시절 지점 인근에 좋은 업체가 있어서 몇 번을 전화하여도 연락이 되지 않아 한번 찾아가기로 하였다. 뜨거운 여름날 업체 앞에 도착하니 경비가 가로막았다. 사장님을 만나고 싶다고 하니 사전 약속이 되었는지 물어보고 약속이 안 되어 있어 면담이 어렵다고 하여 어쩔 수 없이 되돌아왔다.

어떻게 하면 정문을 통과할까 고민하다가 비 오는 날 점심시간 때 인근에 주차를 하고 비옷을 입고 우산을 쓰고 찾아가기로 하였다. 비옷을 입고 우산을 쓰면 얼굴을 볼 수 없고 경비는 점심식사 후 회사로 들어가는 직원 중 하나로 알거나 매일 출입하는 배달원 정도로 착각할 수 있기 때문이다. 그날은 직원으로 연기하기로 하고 경비에게 아무 이야기하지 않고 자연스럽게 출입하기로 했다. 비가 오는 날 때마침 경비 교대시간이 되어 경비 자리가 비어 있었다. 정문을 무사히 통과하여 건물 입구로 들어갔다. 영업을 하면서 느끼는 것은 정문만 통과해도 엄청난 성취감을 맛볼 수 있다는 점이다.

그 업체는 소방기기 제조사로 베트남과 한국에 공장이 있고 아들은 베트남과 한국을 오가며 기업 경영을 하고 있었다. 2층 사무실로 올라가서 여직원에게 대표자를 만나기 위해 은행에서 찾아왔다고 하니 회장님 방으로 안내하였다. 회장인 부친은 회사 설립자로 경영은 아들에게 맡기고 자문 역할을 하고 있었다. 70대의 회장은 소탈한 분으로 은행 지점장이라고 하니 나를 반겨주었다. 가벼운 이야기로 대화를 나누고 서로 좋은 인상을 남겼다. 그날은 운 좋게 정문을 통과하고 처음 방문에 회장까지 만날 수 있었다.

첫 만남에서 작은 선물을 준비하고 이런저런 이야기를 나누었는데 마침 동향 분이어서 이야기가 술술 풀렸다. 회장은 아들인 사장에게 연락하여 약속을 잡아 주었고, 사장과는 자주 만나 금융 정보를 제공하고 애로를 청취하였다. 그 후로 가끔 찾아가 만나고 식사도 같이 하여 친분 관계를 맺었다. 애로사항을 파악하고 몇 달 뒤 주거래를 옮겨 왔다. 용기를 가지고 찾아보면 반드시 방법이 있다는 사실을 다시 한 번 체감하였다.

세일즈를 하는 사람은 배우가 되어야 한다. 목표 고객에게 방문할 때 '주변에서 좋은 회사라는 소문 듣고 찾아왔다', '대표자와 연고가 있어 뵙고 싶어서 찾아왔다' 등등의 멘트를 하면 조금 수월하게 면담을 하고 관계를 맺을 수 있다. 나는 업체 첫 방문 시 행운의 돈으로 여겨지는 미국 2달러 지폐 액자와 나의 명함을 대표자에게 꼭 전달해 주기를 부탁했다. 그리고 대표자 연락처를 반드시 알아내려고 했다. 연락처를 알게 되면 바로 전화하고 방문 약속을 했다. '회사를 방문했는데 부재 중이셔서 못 뵈어 전화드린다'고 하면 대부분 다음 만남 약속을 할 수 있었다. 대표자나 CFO 개인 휴대전화 번호를 알게 되더라도 가능한 바로 전화를 하기보다는 문자 메시지로 인사를 나눈 후 차후에 전화하는 것이 좋다. 그렇게 하면 대부분 반갑게 맞아주는 경우가 많다.

지점장 시절 점주권 인근에 좋은 업체가 있어 전화를 하였더니 대 뜸 '내 아는교?'라며 퉁명스럽게 대답하여 당황했던 적이 있다. 아직 까지 그 사장의 목소리가 생생하다. 대부분의 고객은 휴대전화에 등 록된 번호가 아니면 전화를 잘 받지 않는 경우가 많다. 바로 전화하 기보다는 사전에 문자 메시지를 보내고 연락을 취하는 것이 예의이 며 미팅 성사도 높다.

06

자신과 비슷한
사람을 좋아하는
심리를 활용하자

비즈니스 관계뿐만 아니라 사회생활이나 인간관계에서 사람은 자기와 비슷한 사람을 선호한다. 미국은 다양한 국가 출신, 여러 민족과 인종이 어울려 살아 이민자의 나라라고 불린다. 그런 미국 사회에서 친구나 연인, 부부 관계를 조사해 보니 서로 비슷한 피부색과 머리색을 가진 사람, 같은 언어권과 출신국인 사람, 종교와 학교, 출신 지역이 비슷한 사람끼리 사귀고 결혼하는 것을 알 수 있었다. 동양인 출신은 동양인끼리, 유색인종은 유색인종끼리, 백인은 백인끼리 결혼하고 친구 관계가 형성되는 경우가 많다는 사실이다. 이런 양상이 나타나는 이유는 자신과 비슷한 경우 상대를 예측하기 쉽고 협력하기 쉬우며, 관계 형성에 드는 스트레스가 줄기 때문이다. 아마도 이러한 동종선호현상은 인간의 잠재의식이 아닐까 생각된다.

: : 상대와 공통분모를 찾아라

상대방의 마음을 사로잡는 좋은 방법 중의 하나는 공통분모를 찾아내는 것이다. 그래서 같은 취미나 운동 모임, 같은 학교나 지역 출신, 혈연을 활용하는 것도 영업에 도움이 된다. 그중에서도 같은 고향을 활용하면 좋다. 고향은 어릴 적 추억이 아련히 깃든 곳으로 애정도 남다르다. '여우도 죽을 때는 고향으로 머리를 향한다'는 말이 있다. 상대방의 고향을 파악하고 고향 이야기를 하면 향수가 자극되어 쉽게 친해질 수 있다. 특히 어릴 때 고향을 떠나 어렵게 자수성가한 사람은 고향에 대한 추억이 더욱 큰 것 같다.

공단 지역에서 지점장을 하던 시절 이야기다. 업체 사장님과 처음 만나 명함을 주고 인사를 나누고 대화를 하다 보니 어투가 비슷해 서로 고향을 묻게 되었다. 사장님의 고향은 경북 안동이며, 성이 손씨였다. 나는 고향이 경북 의성이고 성은 손씨로 안동일직이 본이다. 혹시나 하여 '사장님 혹시 어디 손씨인가요?' 하고 물었다. 사장님은 나와 같은 안동일직 손씨라는 것이 아닌가. 그런 인연으로 고객 유치에 성공했던 적이 있다. 일직 손씨는 원래 순씨였다. 고려 8대 임금인 현종이 '손' 자를 성으로 내려 이후 손씨가 되었다고 한다. 현종의 이름이 '순'이어서 그 음이 '순'과 같아 바꾸도록 사성했다고 한다. 따라서 밀양 손씨, 경주 손씨, 평해 손씨 등과는 그 뿌리가 전혀 다르다. 일직 손씨는 희귀 성씨로 전국적으로 인구가 3만 명이 채 되지 않는다. 그러니 서로 얼마나 반가웠겠는가. 비전펀드를 운영하는 소프트뱅크의 손 마사요시(손정의) 회장은 한국계 일본인으로 아버지를 비롯한 조상이 대구 출신의 일직 손씨이다. 같은 고향 출신, 같은 본의 성씨로 고객을 만나면 일가친척을 만나는 기분이 들고 이야기가 술술 풀릴 수밖에 없다. 사장님은 그동안 전임 지점장 시절부터 RM들이 숱하게 영업하였으나 마음을 열지 못했던 고객이었다. 나는 지연과 혈연 덕분에 쉽게 친밀하게 되었고 지속적인 만남으로 신뢰관계를 형성할 수 있었다. 그 후 타 주거래 기관에서 예금, 대출, 외환 등 모든 거래를 KB로 옮겨올 수 있었다.

:: 종친회와 화수회에서 판로를 만들다

그 사장님과 만남 이후 나는 종친회와 화수회 모임에도 자주 참석하였고 그곳에서 많은 일가친척 고객들을 소개받고 고객 유치에 성공하였다. 그 인연으로 현재도 종친모임에 나가고 있다. 지연, 혈연, 학연은 관계를 매끄럽게 하고 거래를 쉽게 트게 하는 중요한 요건이 된다. 그래서 나는 전라도가 고향인 사장님을 처음 만날 때는 지점 팀장 중 전라도 출신 직원과 동반 방문하였다.

영업은 결국 고객의 신뢰를 얻어야 한다. 고객을 사로잡는 기술 중 최고는 마음을 사로잡는 것이다. '남자는 자기를 믿어주고 인정하는 사람을 위해 기꺼이 목숨을 바친다'는 말이 있다. 한번 믿음을 주고 신뢰를 쌓기는 어렵지만 한번 준 믿음을 쉽게 깨뜨리지 않는다.

중국에서 비즈니스를 하려면 꽌시(관계)가 중요하다고 한다. 한국에서도 비즈니스 영역에서는 관계가 중요하다. 고객과의 관계를 잘 파악하고 공통분모를 찾아내면 대화도 술술 풀리고 고객과의 관계도 의외로 쉽게 풀린다. 사무실에서는 업무를 할 때 혈연, 지연, 학연 등 연고로 업무에 영향을 주면 시대착오적이라고 생각한다. 하지만 영업에서는 관계의 연을 잘 활용해야 한다.

모두에게
친절하게 매너를
갖춰야 하는 이유

당진 지역에서 지역본부장으로 근무할 때다. 한 자동차 부품 제조업체를 방문하였다. 공장에서 작업복 차림의 젊은 직원이 우리 앞으로 뛰어나왔다. 직원의 손에는 검은 기름이 묻어 있었고, 옷에도 얼룩진 기름때가 가득했다. 전형적인 현장 작업인력이었다. 기름이 묻은 얼굴에는 땀이 흘러 내렸는데 환한 미소로 우리를 맞이하며 "어떻게 오셨어요?"하고 물었다. 은행에서 사장님 만나러 왔다고 하니 사무실로 안내해 주었다. 열악한 현장에서 땀 흘리며 공중에 매달린 기계 아래서 허리 숙여 끙끙대는 모습에 가슴이 찡하였다. 이렇게 현장에서 열악한 환경에서 열심히 하는 분들이 있어 우리나라의 제조업이 발전하는구나 하는 생각이 들었다.

한편으로는 순간 이 직원은 일반 직원이 아니라는 생각이 들었다.

작업을 하다가 찾아오는 고객이 있으면 바로 나와 안내하고 환한 웃음으로 사무실로 안내하는 모습이 예사롭지 않았기 때문이다. 직원에게서 회사의 사업계획과 영업, 자금 운영에 대해 정보를 듣고 다음에 다시 찾아오기로 했다. 그 뒤 약속을 하여 사장님과 사모님을 만났다. 나는 호기심으로 그때 공장에서 만난 직원의 이야기를 했다. 알고 보니 그 청년은 사장님의 하나밖에 없는 아들이었다. 나는 아들 칭찬을 듬뿍 하였고 사모님이 엄청 흐뭇해하였다. 그것이 인연이 되어 업체의 공장 신축 자금을 취급할 수 있었다.

: : 나를 낮추고 상대를 높이는 것이 세일즈 매너의 기본

소규모 제조업체는 가족 중심으로 운영되는 곳이 많다. 직급이 낮아 보이더라도 회사 직원이라면 누구든지 존중해야 한다. 세일즈맨은 사장부터 말단직원까지 모두에게 정성을 다해야 한다는 진리를 그때 또다시 깨달았다.

세일즈는 물론이고 인간관계에서 기본은 자신을 낮추고 다른 사람을 높이는 것이다. 결국은 가장 중요한 것이 사람과의 관계이고 관계의 핵심은 상대를 존중하는 것이다. 대표자나 CFO는 말할 것도 없이 건물 경비나 경리직원, 현장에서 땀 흘리는 직원에게도 최대한 친절하게 대해야 한다. 사람과의 관계 속에서 좋은 평판과 얻기 힘든 정보를 얻을 수 있기 때문이다. 나는 거래처를 방문하여 다양한 직원들과 친밀한 관계를 맺어 유용한 정보를 얻은 경험이 많다. 그렇게 얻은 정보는 거래를 성사시키는 데 큰 도움이 된다.

:: 직급이 낮은 사람일수록 친절하자

자기보다 직급이 높은 사람에게는 깍듯하게 대하고 잘 보이기 위해 눈물겨운 노력을 하면서 자기보다 아래 사람에게는 함부로 대하는 사람이 있다. 상사에게 예의를 지키는 것에 못지않게 아랫사람에게도 정성을 다해야 한다. 식당 등에서 나이 어린 종업원을 함부로 대하거나 무시하는 사람이 있다. 이런 사람은 하나만 알고 둘은 모르는 사람이다. '벼는 익을수록 고개를 숙이고 빈 수레가 요란하다'는 속담이 있다. 자기를 낮추는 사람은 남들로부터 존중을 받고 잘난 체하는 사람은 인격이 드러나 결국 무시당하게 되는 것이 인지상정이다.

나는 업체를 방문할 때 많은 경우 정문에서 제지를 당하였다. 사전 약속이 되어 있지 않으면 방문이 거절되고 되돌아오는 때도 많았다. 정문에서 경비가 사무실에 확인해 보고 출입을 허가하기 때문이다. 정문을 통과하기 위하여 경비 교대시간을 활용하거나 경비가 없는 틈을 이용해 회사를 방문하기도 하였다. 가끔은 회사를 방문할 때마다 경비원에게 깍듯이 인사하고 은행 사은품도 건네면서 은행에서 왔다고 말을 하면 출입을 시켜 주기도 한다. 나는 경비에게도 정성을 다했다. 회사 출입문을 지키는 경비는 회사에 대해 많은 정보를 가지고 있다. 경비와 관계를 잘 맺어두면 회사의 물류 사정이나 사장의 움직임, 방문객 근황 등의 많은 정보를 알 수 있다.

: : 경리직원과 친밀한 관계를 맺어라

거래처 직원들과 친해지도록 노력해야 한다. 특히 경리직원들은 경리 업무뿐만 아니라 비서 업무와 회사의 전반적인 업무를 총괄하는 경우가 많다. 소규모 기업의 경우는 경리 직원이 의사결정에도 많은 영향을 미친다. 경리직원이 대표자의 가족이나 친인척인 경우도 많다.

경리직원과 관계가 잘 형성되면 업체와 대표자 정보, 타 금융기관의 정보를 주기도 한다. 사장의 취미활동이나 관심사를 알려줘 사장과의 심리적인 거리를 가깝게 하는데 도움이 된다. 다른 금융기관에서 어떤 제안을 했는지, 어떤 상품을 소개했는지, 금리를 얼마로 제안했는지 등등의 정보를 주기도 한다.

경리나 자금 부서 직원뿐만 아니라 다른 부서 직원들과도 좋은 관계를 맺고 진정으로 존중하면 의외로 많은 정보를 얻을 수 있다. 그들과의 돈독한 관계가 업체와의 거래를 순조롭게 만드는 윤활유가 된다. 사무실 직원들을 위하여 여름엔 시원한 수박이나 아이스크림을, 겨울에는 따뜻한 호빵이나 군고구마 등을 사 가면 좋다.

인간에게는 누구나 칭찬받고 싶어 하는 욕망이 있다. 거래처 방문 시 직원들의 사소한 부분에라도 관심을 가지고 칭찬을 하면 좋다. 영업을 잘하는 직원은 거래 업체의 모든 직원들과 두루 원만하게 지낸다. 여직원들과 허물없이 지내고 직접적인 거래가 없는 직원이라도 무시하지 않는다. 당장은 직접 관련이 없지만 필요 시 도움과 정보를 줄 수 있기 때문이다.

세일즈란 인간관계 속에 친밀도를 높이고 고객에게 좋은 혜택을 주는 것이다. 세일즈는 고객의 꿈을 실현시켜 주는 디딤돌이 되어야 한다.

08

실패를 두려워 말고, 고객을 위해 세일즈하라

영업 현장을 누비다 보면 쉽게 거래가 성사되는 경우도 있지만, 대부분 한두 번의 만남으로 거래가 성사되기는 어려운 것이 현실이다. 영업은 꾸준한 시간과 노력이 필요하다. 영업은 정직하고 발품을 판만큼 성과가 나타난다. 벼는 농부의 발자국 소리를 듣고 자란다. 부지런히 아침저녁으로 논밭으로 다니고 물을 대고 잡초를 뽑고 벌레를 잡는 등 살뜰히 보살펴야 농작물이 잘 자란다. 마찬가지로 영업도 발품을 판 것만큼 비례하여 거래처가 확보되고 거래가 확대된다.

원하는 대로 이루어지지 않을 때 포기하거나 좌절하면 안 된다. 안 되면 안 되는 이유를 파악하고 새로운 제안으로 될 때까지 뛰는 근성이 필요하다. 세일즈는 결국 상대방의 마음을 얻어야 하기에 많은 정성과 노하우가 필요하다.

기본적으로 마케팅 이론과 상품 지식으로 무장하여야 한다. 자신을 연마하여 지식과 경험을 쌓고 시장 정보를 준비하여 고객의 부족한 부분을 채워줄 수 있어야 한다. 고객의 문제점을 해결해 줄 수 있는 컨설턴트의 역량을 갖추고 부지런히 다닐 때 성과가 만들어진다.

:: 실패를 두려워하지 마라

매번 승리할 수는 없다. 골프 황제 타이거 우즈도 매번 우승하지 못하고 좌절하기도 하고 슬럼프에 빠지기도 한다. 백전백승이란 어려운 이야기다. 세일즈를 하는 사람은 실패를 두려워하지 말아야 한다. 왜 실패했는지 분석하는 것이 중요하다. 에디슨은 전구를 발명할 때 2천 번 이상 실패했다고 한다. 이에 대해 에디슨은 이렇게 말했다. "나는 2천 번 실패한 것이 아니다. 불이 켜지지 않는 2천 가지 이유를 알아낸 것이다."

:: 정성 어린 손 편지로 고객의 마음을 열다

지방 공단 지역 지점장을 할 때 이야기다. 지점 인근에 점주권 업체에 대해 분석을 하고 타깃을 설정하여 ○○업체를 유치하기로 마음먹고 접촉하기 시작했다. 처음 방문하였을 때는 대표자를 만날 수 없어 명함과 행운의 2달러 액자, 네잎클로버를 코팅한 카드를 사장

책상 위에 올려놓고 돌아왔다. 그 뒤로도 회사를 몇 차례 방문하였으나 대표자를 번번이 만날 수 없었다. 신규 유치가 쉽지 않았다. 포기하고픈 생각도 들었다. 나무가 높다고 생각하여 포기하면 절대로 올라갈 수 없다. 그러나 올라갈 방법을 찾으면 여러 가지 아이디어가 떠오르기 마련이다.

방법을 생각하다가 아침 출근시간에 회사에 가기로 했다. 출근시간에 맞추어 건물 입구에서 KB 지점장이라고 소개하고 사장을 만났다. 사장은 아침 이른 시간에 건물 입구에서 기다리고 있는 나를 보고 깜짝 놀랐다. '몇 번 방문했으나 사장님을 만날 수 없어 출근시간에 오게 되었어요'라고 한 뒤에 인사를 나누고 사장실로 가서 미팅을 하였다. 그날 이후 저녁식사 자리를 만들고 관계를 맺었다.

나의 경험으로 볼 때 대표자를 만나서 진솔한 이야기를 나누고 서로 연락처를 주고받으면 그 뒤에는 술술 진행된다. 약속한 날 저녁식사 장소에서 정성스럽게 포장한 선물과 손 편지를 함께 전달하였다. 대표자는 이후 손 편지에 감동했다며 매우 감사하다고 연락을 주었다. 빚진 것 같다면서 밥을 한번 사겠다고 연락하여 자리를 다시 가졌다. 손 편지를 오랜만에 받아 보았다면서 회사에 대해 여러 가지 이야기를 하고 다음 날 지점에 한번 방문하기로 했다.

며칠 뒤 대표자가 우리 지점을 방문하였다. 워낙 까다로운 고객이라 주차시설 등을 둘러보고 창구 거래 시 불편한 점이 없는지 요모조모 사전 점검을 하였다. 지점을 방문하였을 때 정성을 다하여 고객을 예우하였다. 결국 KB와 거래해 보겠다며 입출금통장부터 거래를 시작하여 직원 급여이체, 예금, 대출 등 모든 거래를 옮겨 주거래를 하게 되었다. 어떤 고객도 한두 번의 만남으로 쉽게 금융 거래를 바꾸지는 않는다.

: : 고객에게 발톱을 보이지 마라

비즈니스에서 성공과 실패는 병가지상사다. 실패를 통해 노하우를 쌓고 실패 원인을 분석하고 차후를 기약하고 지속적인 관심과 정성을 쏟아야 한다. 아프리카에서 난로를 팔고 알레스카에서 냉장고를 파는 마음으로 세일즈에 임해야 한다.

영업은 다른 사람에게 부탁해야 하는 입장이라고 생각해 어렵게 느껴진다. 그러나 생각하기 나름이다. 고객의 이익을 위해 세일즈한다는 마음으로 임하면 거절당하더라도 마음이 편하다. 거절당했다고 마음에 상처를 담으면 안 된다. 거절당하더라도 차후를 생각하고 고객과 관계를 유지하고 친밀도를 높여 가야 한다.

한두 번의 만남으로 거래를 제안하는 것은 정도가 아니다. 고객과의 신뢰 있는 관계를 먼저 만들고 고객이 찾아오도록 만들어야 한다. 성급한 마음에 고객에게 발톱을 미리 보이지 말아야 한다. 조급한 마음에 영업으로 접근하면 고객은 떠나간다. 고객의 이익을 위해 컨설팅하는 마음으로 친밀도를 높여 가면 거래는 자연히 이루어진다.

거대한 빌딩도 작은 벽돌 하나하나가 쌓여 만들어지고 천릿길도 한걸음부터 시작한다. 뿌린 만큼 거두는 것이고 정성을 쏟은 만큼 수

확이 늘어난다. 한 그릇의 밥이 식탁에 올라올 때까지는 씨를 뿌리고 모내기를 하고 벼를 키우고 수확하고 탈곡한다. 여러 사람의 손길을 거쳐 수많은 손길이 모여 우리의 밥상에 식사가 올라온다.

작은 정성 하나하나가 모여 원하는 것이 이루어진다. 수적천석이라고 한다. 한 방울의 물방울이 거대한 바위에 구멍을 내듯 작은 노력이 모여 원하는 바가 이루어진다. 영업에는 꾸준한 발품과 정성이 필요하다. 한두 번의 실패를 두려워하지 말자.

09

충성도 높은
고객은
세일즈를 돕는다

고객관리를 잘하고 신뢰가 쌓이면
고객은 새로운 고객을 소개해 준다. 고객의 이익을 위하고 고객의 성
공을 위해 지원하면 진정성을 느끼고 고구마 줄기처럼 주변의 친구
나 동업자들을 소개해 준다. 잘 모르는 사람도 자주 보면 친숙해진
다. 이것이 에펠탑 효과이다. 학생들에게 어떤 사람의 사진은 한두
번만 보여 주고, 어떤 사람의 사진은 25회 반복하여 보여 주었다. 그
리고 어느 인물을 좋아하는지 물었다. 학생들은 여러 차례 반복해서
본 사진 속 인물에게 더 높은 호감도를 보였다. 자주 만나면 정이 들
고 10번 정도 만나면 친숙해지고 좋아하게 된다.

: : 고객을 내 편으로 만들어라

무조건 고객을 자주 만나고 찾아다니는 것이 최고의 영업이다. 지점장 시절 이야기다. 신규 유치로 거래를 트고 자주 찾아가니 정이 들었던 고객이 있었다. 주기적으로 연락하고 직원들과 야구장도 같이 가서 즐기고, 가끔은 직원들과 같이 맥주잔을 기울이던 고객이 있었다. 그 고객을 지점의 명예지점장으로 위촉하였다. 이후 그 고객은 사무실에 자주 오게 되었고 직원들과도 더 자주 소통하였다. 명예지점장의 타이틀이 생기자 영업점을 더 잘되게 하겠다는 책임감이 생긴 것이었다. 새로운 고객을 소개해 주고 영업도 지원하고 영업이 어려울 때 도움도 주었다. 주변에 일시적인 자금난을 겪는 회사를 소개해 주기도 했다. 친구나 동종 업계 사장들을 영업점 고객으로 이끌었다.

한번은 평소에 연락 없던 대학 후배가 전화를 해왔다. 또 다른 후배가 사업을 하고 있는데 거래 은행과 조금 문제가 있는 것 같다면서 나보고 연락해 보라고 했다. 사업하는 후배의 연락처를 받아서 전화하였다. 이야기를 나누고 사업자번호 등의 기초 정보를 받고 회사를 조회해 보니 우량 회사였다. 후배는 거래 은행과 자금 일정 관련 이견이 있어 타 금융회사를 알아보고 있었다. 후배는 한 은행에서만 오랫동안 거래하고 있었고 문제가 발생했을 때 그 은행에서 해결이 안되면 다른 방법이 없었다. 회사를 방문하여 애로를 청취하고 일시적인 자금 일정 문제를 해결해 주기로 했다. 본부와 협의해서 회사의 일시적인 어려움을 해결하여 새로운 거래를 만들었다.

: : 고객과 함께 성장하고 충성도를 높여라

신규 업체를 발굴하려는 노력도 중요하지만 기존 거래하는 고객이나 지인으로부터 소개받는 영업은 시간과 에너지를 줄일 수 있었다. 충성도가 높은 고객은 친밀한 관계 속에 당장의 이익보다는 장기적인 관점에서 금융 거래를 하고 미래를 본다. 충성도 높은 고객은 경쟁사 대비 더 나은 서비스를 받을 수 있다고 믿고 가격보다는 가치에 기반하여 거래를 지속한다. 자사의 상품과 서비스에 충성심을 가지게 하고 고객에게 신뢰를 주면 장기적인 거래 관계로 발전하게 된다.

고객과 파트너십으로 함께 성장한다는 신뢰감을 줄 때 고객은 우리에게 새로운 기회를 만들어 준다. 고객과 파이프라인을 구축하고 유대 관계를 강화하면 정보가 물 흐르듯이 들려오고 영업 기회가 만들어지게 된다.

'발 없는 말이 천리를 간다' 는 말이 있다. 내가 고객에게 좋은 정보와 서비스를 제공하면 소문이 나서 또 다른 고객을 불러온다. 마치 마르지 않는 샘물처럼 고객이 연결되어 찾아온다.

: : 소개를 받으면 시간과 에너지를 줄인다

고객과 처음 만나면 서먹서먹하고 관계를 맺기까지 시간이 많이 걸린다. 그러나 누군가의 소개를 통해서 만나면 금방 친숙해지고 바로 이야기를 쉽게 풀어 갈 수 있다. 소개한 사람으로부터 얻은 정보를 알고 있는 상태에서 미팅이 이루어져 시간과 에너지를 절약할 수 있다. 우호적인 상황에서 대화가 되어 거래 성사가 높다. 고객을 처음 찾아 나설 때 소개를 잘 활용하는 것도 좋은 방법이다.

지연, 학연, 혈연 등 연고나 영향력 있는 사람을 통해 소개를 받으면 시간과 정열을 아낄 수 있다. 기존 고객에게 관련 업종 잠재 고객 명단을 보여 주고 아는 업체인지 질문하고 정보를 얻고 소개받는 것도 좋은 방법이다. 기업 고객은 상공회의소 모임, 동종 업체, 타 업종 교류 모임 등을 통해 서로 교류하고 있는 경우가 많다. 이들을 통해 소개받고 모임의 멤버로 활동하면서 거래 관계를 만들 수도 있다.

: : 도와주는 사람이 많은 사람이 가장 힘이 세다

인간은 사회적인 존재이기 때문에 다양한 인간관계를 맺고 상호 작용을 하며 살아간다. 한국의 경우는 멀리 떨어져 있더라도 3~4명만 거치면 전혀 모르는 사람도 접촉이 가능하다고 한다. SNS가 발달한 지금은 세상이 점점 좁아지고 있다. 고객 한 사람과 관계 구축이 더욱 중요해졌다는 것을 의미한다.

유유상종이라고 하여, 비슷한 처지의 사람과 교류가 많다. 우수업체 사장들은 우수업체를 많이 알고 있다. 거래하고 있는 우수업체들과의 좋은 관계는 새로운 우수 고객을 소개해 줄 것이다.

세상에서 가장 강한 사람은 도와주는 사람이 많은 사람이다. 아무리 힘센 사람이라도 도와주는 사람이 많은 사람을 이기지 못한다. 평소에 주변 사람의 마음을 얻어야만 도와주는 사람이 많아진다. 도와주는 사람이 많아지려면 평소에 다른 사람들의 어려움을 해소해 주고 도움을 줘야 한다. 향기로운 꽃에 벌이 모이는 것이다. 자신만의 매력이 많으면 주위에 좋은 사람들이 모인다. 자신의 매력은 주변 사람에게 좋은 평판으로, 새로운 고객의 소개로 화답한다.

10

정성과
스토리를 담은
선물을 건네자

세상이 변화무쌍하게 변화하는 것처럼 고객의 마음도 변할 수 있다. 경쟁사 직원이 고객에게 가서 고객의 마음을 흔들 수 있고, 변수가 생겨 거래를 옮길 수도 있다. 그래서 지속적인 관심과 애정으로 고객에게 연락하고 다가가야 한다. 고객에게 관심을 두고 꾸준하게 관리해야 한다. 고객의 마음을 얻는 방법 중의 하나가 마음의 선물을 하는 것이다. 《성경》에도 '선물은 사람의 마음을 누그러뜨린다'고 했다. 누구든 마음의 선물을 받으면 좋아할 것이다. 축하일이나 기념일에는 선물을 보내는 것이 좋다. 선물을 할 때는 스토리를 입힌 선물이 좋다. 스토리를 담은 선물은 오래 기억되기 때문이다.

:: 경쟁 회사에서 고객에게 보낸 선물

지방에서 지점장을 할 때다. 나는 원래 골프를 좋아하지 않는 편이다. 하지만 상대방이 요청하면 거절하지 않는다. 신규 거래를 시작한 고객이 골프 요청을 하여 어렵사리 자리를 만들어 라운딩을 하게 되었다. 평소 사장은 부부금실이 좋았고 항상 부인과 동반하여 골프를 하였다. 부인도 회사에서 자금관리 등 중요한 업무를 하고 있었다. 사장님 부부와 지점 팀장과 나 이렇게 4명이 골프를 하게 되었다. 더운 날씨였고 대표자 부인이 여러 가지 먹거리와 사과를 준비하여 왔는데, 부인이 꺼내는 사과를 보고 나는 깜짝 놀랐다.

사과에 ○○은행의 이름이 로고와 함께 새겨져 있었다. 아마도 주거래인 ○○은행에서 보내준 것으로, ○○은행에서는 농가와 계약하여 봄부터 사과에 은행 이름 종이를 붙여 재배하는 것 같았다. 경쟁 은행에서 고객관리를 잘하는 것을 보고 자괴감이 들었고, ○○은행 직원의 정성에 놀랐다. 경쟁 회사 로고가 찍힌 사과를 나누어 먹으며 웃고 넘겼지만 마음은 편하지 않았다. 물론 그 고객은 KB의 주거래 고객화가 되었고 지금도 좋은 관계를 맺고 있지만 그때의 기억이 생생하다.

:: 산골 마을 사과에 스토리를 담아 전한다

그 이후로 나는 꼭 선물을 할 때는 스토리를 입혀서 선물을 하였다. 선물은 값비싼 것보다 마음이 담긴 것이 좋다. 시골에서 재배한 사과, 외국에서 사온 녹차, 수제로 만든 빵 등등 스토리를 담아 선물을 한다. 나는 시골 깡촌 출신이지만 태어날 때부터 과수원집 아들이었다. 우리 집은 내가 태어날 때부터 사과 농사를 했고 아직도 대를 이어 큰형님이 사과 농사를 한다. 사과에 대해서는 전문가다. 내 고향 시골마을은 의성군 춘산면 신흥리 오지 산골이다. 어려서 책보자기를 둘러메고 사과를 한 보따리 가방에 싸서 친구들에게 나누어 주고 다른 학용품과 물물교환도 했었다. 그런 연유로 나는 선물은 항상 사과로 한다. 산골 마을 사과여서 당도가 높고 맛이 있다.

사과는 일교차가 심하고 산비탈이 많은 지역에서 잘 자라고 그런 환경에서 익은 사과가 당도도 높다. 나의 고향 마을은 사과 농사를 하기에 안성맞춤 지역이다. 고객들에게 우리 시골집에서 유기농으로 재배한 사과라고 설명하면 반응이 꽤 좋았다. '이번 여행 때 중국에서 직접 사온 보이차입니다. 우리 집에서도 우려먹는 것인데 한번 드셔 보세요', '해외 출장 때 사온 수제 빵인데 맛이 일품입니다. 한번 드셔 보세요' 등등 스토리와 함께 선물을 전하는 것이 좋다. 그러한 선물은 감동을 전하고 오래 기억된다. 선물을 할 때도 늘 고객의 마음을 얻는 방법을 고민해야 한다.

선물을 받고 기분 나빠 할 고객은 없다. 고객에게 고마움을 전해야 할 때 선물을 보내자. 선물은 상대방에 대한 관심의 표현이며 마음을 전하는 방법 중 하나다. 고객의 취향에 맞춰 스토리를 담은 선물을 전달하면 고객은 만족감을 느낄 수 있다. 가랑비에 옷 젖는다고 한다. 작은 것이 모여 큰 것을 이루듯, 정성을 담은 작은 선물은 고객의 마음을 움직이게 만든다.

11

멈추지 말고
공부해야
세일즈에 성공한다

나의 MBA 원우 중에 열정적으로 공부하고 전문적인 지식을 습득하는 분이 있다. 현재 ㈜세진지엔이 대표이고 산업정책연구원 연구교수로 재직 중인 김대봉 교수이다. 그는 대학원 때 나와 함께 총학생회 활동을 하여 요즘도 가끔 연락하고 지낸다. 상고 졸업 후 회사에 입사하여 인선이엔티㈜ 대표이사에 올라 오랫동안 회사를 경영하였다. 회사에 다니면서 주경야독 공부를 하여 방송통신대학교를 졸업하고 대학원에서 나와 같이 공부했다. 열정은 계속되어 최근 몇 년 사이에 서울과학종합대학원에서 경영학 박사, 금오공대에서 공학박사, 최근에는 중앙대학교에서 법학박사 학위를 취득하였다. 많이들 하는 골프도 하지 않고 오직 회사일과 공부에 매진하고 전문성을 키워온 분이다. 배울 것이 많은 그분 덕분에 나도 영향을 받아 박사과정을 등록해 다니다가 잠시 휴학 중이다.

자신의 일과 관련된 공부를 하고 전문지식을 갖추면 최고의 전문가가 아닐까? 고객에게 신뢰받는 방법 중 하나가 전문가가 되는 것이다. 자신의 일에 해박한 지식이 있어야 하고 판매 상품과 프로세스를 완벽히 이해하고 있어야 한다. 최고의 전문가는 고객이 최적의 상품과 서비스를 선택할 수 있도록 도와줄 수 있어야 하며, 상담 능력이 있어야 한다. 자격증을 따거나 대학원에서 학위를 받고 스펙을 늘리고, 자신의 일에 있어서 지식과 경험이 충만하면 누구나 인정한다.

: : 끊임없이 공부하고 정보를 취득하기

세상이 빠르게 변하여 한번 취득한 지식은 영원하지 않다. 그래서 계속 공부하고 새로운 지식으로 업그레이드하여야 한다. 새로운 상품과 정보가 지속적으로 쏟아져 나오고 있다. 꾸준한 노력으로 상품과 서비스에 대한 지식을 쌓고 시장의 흐름을 읽어야 한다.

주변에 전문가들을 보면 해당 분야 업무에 대해서 해박한 것은 물론이고, 끊임없이 책을 읽고 관련 정보를 취득하고 있다. 영업에서도 고객, 상품, 경제, 경영 등 업무와 관련된 부분에 대해서 꾸준히 공부해야 한다. 그래야 어떤 고객을 만나도 자신 있게 설명할 수 있다. 현장에서 많은 고객을 만나면서 그들을 통해 정보를 취득하고 확인하여 자신의 지식으로 쌓아가야 한다. 급변하는 정보화시대에 해박한 지식과 업무 전문성, 정보는 고객의 신뢰를 이끄는 무기가 된다.

: : 니즈를 파악하고 맞춤전략을 구사한다

일본은 사무라이의 나라라고 한다. 사무라이는 일본 봉건시대 무사로 주군과 주종 관계를 통해서 자신의 영토나 경제력을 보전할 수 있었다. 하층 사무라이에서부터 쇼군에 이르기까지 사회적 결합 관계였다. 주군과 집단에 대한 충성심은 사회를 유지하는 가치였다. 일본 역사상 최고의 검객으로 불리는 에도시대의 미야모토 무사시는 어릴 때부터 병법에 관심이 많았다. 그는 14세 때 인생 처음으로 싸워서 승리를 거둔다. 전해내려 오는 이야기에 의하면 그는 단 한 번도 싸움에 진 적이 없다고 한다. 그가 평생 결투를 벌인 횟수는 60여 차례라고 한다. 늘 고수들과 맞붙었기에 만만한 대결이 아니었다. 그는 상대를 치밀하게 분석해서 싸울 때마다 다른 전술을 구사했다. '내 강점이 이것이니 이걸로 싸워야지'가 아니라 '상대방의 강점과 약점이 이것이니 이렇게 싸워야겠다'라는 전술을 썼다. 상대별 맞춤전략을 구사한 셈이다.

나 역시 맞춤전략으로 영업에 성공한 경험이 있다. 충남 지역에 폐기물처리 매립장 운영을 막 시작한 업체가 있었다. 각종 폐기물 사업은 폐기물을 부정직하게 처리할 경우 대기오염, 수질오염, 토양오염 등 심각한 환경문제를 야기할 수 있으므로 수집운반, 중간처분, 최종처리에 이르기까지 이동경로 전 과정이 안전하고 투명하게 통제되어야 한다. 이러한 이유 등으로 인허가를 받는 것이 어렵고 민원문제가 많아 사업이 성공하기까지 많은 난관이 있다. 업체 사장님은 관공서에서 인허가를 받았고, 민원 문제를 어렵게 해결하였다. 그리고 거래 은행에 금융 주선을 요청하였다. 기존에 거래하던 금융기관에서는 리스크를 감안하여 꽤나 높은 금리로 대출을 하였고 금융 주선 수수료로 수억의 금액을 수취하였다고 한다. 또한 회사의 자금을 금융회사에서 통제하고 있었다. 뿐만 아니라 가족의 부동산에 대해서도 담보 제공이 되어 있었다. 업체 사장은 이 때문에 불만이 많았다.

매립장이 가동되면서 사업은 안정적으로 운영되었다. 마진율은 40~50%대였고 현금 수취 영업인 덕분에 현금흐름이 좋았다. 매립장 사업은 매립장 공사가 완료되면 추가 투입원가가 없고 영업 현금흐름으로 대출을 상환하는 구조였다. 마진이 크게 나고 현금흐름이 꽤나 좋았는데 사업 초기에 금융회사에서 지분 투자로 금융회사와 수익을 배분하는 것에 대해서도 불만이 있었다.

처음에 방문하였더니 금융회사 사람은 믿지 못한다면서 막연한 피해의식을 보였다. 이야기를 들어 보니 은행이 리스크가 크지 않은 사업에 너무 까다롭게 대출과 자금을 통제하고 거액의 수익을 취한다는 것이었다. 은행 및 금융회사는 나름 리스크가 있으니 수수료를 많이 받았겠지만 불만이 엄청 많은 사장님이었다. 사업장이 완공되었고 민원문제도 해결되었고 매립장이 부족한 우리나라 상황을 감안할 때 영업활동에도 문제가 없었고 현금흐름 또한 우량하다는 결론에 이르렀다. 나는 사장님의 고민을 해결해 보기로 하였다.

수차례 미팅 후 담보 제공된 부동산에 대해 저당권을 해지하고,

전체 PF를 KB로 옮기고 지분 정리를 하여 KB 대출로 바꾸고, 자금 운영에 대한 컨설팅을 해주기로 하였다. 결국 본부에서 전문직원이 와서 자금운영 관련 컨설팅을 하고 타 금융회사의 대출을 KB대출로 대환하고 KB가 자금운영을 담당하고 지분정리를 도와 주었다. 그 뒤에도 매립장 규모를 키워왔고 지금은 탄탄하고 우량한 중견기업으로 성장하였다.

상대를 설득하고자 할 때 똑같은 무기를 들고 나가면 승산이 없다. 상대의 욕구에 맞추어 무기를 다르게 들어야 한다. 나의 강점이 무엇인지, 상대의 불만이 무엇인지를 알아보고 문제를 풀어주어야 한다. 고객의 입장에서 니즈를 확인하는 스킬이야말로 전문성의 핵심 요소이다. 만약 고객과의 끈끈한 유대관계를 맺고 있다면 고객의 니즈를 쉽게 파악할 수 있다.

비즈니스를 성공으로 이끌기 위해서는 고객의 눈높이에 맞는 상품과 서비스를 제공해야 한다. 고객의 니즈를 파악한 다음 가장 알맞은 솔루션을 제시하는 것 또한 핵심적인 영업기법일 것이다. 높은 성과를 창출하는 세일즈맨은 자신의 솔루션이 고객의 니즈에 맞는지 확인하고 질문하여야 한다. 고객이 무엇을 원하는지 잘 듣고 고객이 필요한 것이 무엇인지 정확히 파악할 수 있어야 한다.

: : 뛰어난 문제해결 능력이 있어야 한다

뛰어난 문제해결능력은 전문가의 기본이다. 전문가는 스펙을 뛰어넘어 자신만의 노하우를 가지고 고객에게 좋은 영향력을 미쳐 고객의 이익이 되도록 할 수 있어야 한다. 고객이 처한 상황에 적절한 대안을 고객에게 잘 설명하고 고객의 동의를 이끌어내고 실행할 수 있도록 해야 한다. 고객과 고객의 관심사에 대해서 많은 지식을 가지고 있어야 한다.

요즘처럼 급변하는 비즈니스 상황에서는 쌓아야 할 지식도 많고 시장 트렌드를 읽을 수 있어야 하고 책과 비즈니스 잡지 등을 읽고 고객에게 좋은 정보를 제공할 수 있어야 한다.

: : 자기 자신에 대한 홍보

노래를 잘하는 가수가 산속에만 있다면 아무도 알아주지 않는다. 노래를 잘하고 재능이 있어도 누군가가 발굴하던지 스스로의 노력으로 갈고 닦아 자신을 알리고 남들에게 보여 주어야 한다. 다이아몬드도 흙 속에 묻혀 있으면 돌덩이에 불과하다. 누군가의 손에서 제련되고 다듬어져야 빛나는 보석이 된다. 자기 자신이 하는 일에 능력과 스킬이 있다 하더라도 남들이 알아주지 않으면 소용없다. 전문가다운 이미지를 만들고 그걸 남들에게 알려야 한다. 남들이 알아주지 않으면 아무리 좋은 역량도 사장된다.

전문가로 인정받기 위해서는 고객의 눈에 전문가로 보여야 한다. 이를 위해 회사나 고객, 시장에서 자신의 명성을 쌓고 자신을 홍보하고 고객에게 다가가야 한다.

: : 인맥을 만들어야 한다

항상 열심히 뛰고 부지런히 돌아다녀 시장에서 알려져야 한다. 그러기 위해서는 회사나 동료에게 전문가로서 인정을 받고 시장에서 인정해 주어야 한다. 세일즈에서 유능한 세일즈맨으로 회사에서 알려지고 고객이 인정하고 시장에서 소문이 나야 한다. 그러기 위해서는 각종 세미나와 조찬모임에 다니면서 인맥을 넓히고 온라인 활동도 하여 자신의 존재감을 드러내야 한다. 노력하지 않으면 전문가로 성장하기 어렵다.

3장

잘나가는
세일즈맨은 끝까지
디테일이 다르다

01

이탈하는 고객을 지켜내는 진심의 힘

나는 신규 고객을 많이 유치하기도 했지만 고객이탈이라는 뼈저린 경험도 많이 했다. 기업금융에서 가장 가슴 아픈 일이 바로 갑작스러운 고객이탈이다. 아무 문제없다고 생각하던 고객이 갑자기 대출금 상환 요청을 해오면 가슴이 철렁 내려앉는다. 경쟁 회사에서 모든 프로세스를 끝내고 상환 요청을 해온 것이라면 때는 이미 늦은 것이다.

우수한 고객을 확보하기 위한 금융환경에서의 경쟁은 치열하다. 마치 정글에서 사냥감을 두고 쟁탈전을 벌이는 것과 비슷하다. 잠시 방심하는 순간 경쟁자의 선제공격을 당하고 뒤쫓는 신세가 될 수 있다. 정글에서 살아남기 위해서 포식자는 자기영역을 지키면서 끊임없이 새로운 먹잇감을 찾아야 한다. 이는 금융환경에서도 마찬가지다. 환경변화에 민감하게 대응하고 항상 경계를 잘하여야 한다.

여기서 고객이탈 방지를 위한 나의 경험과 지혜를 정리해 본다.

: : 첫째, 기존 고객을 잘 관리해야 한다

은행 거래를 옮길 때 기업 대표는 디데이를 정하고 그날은 사무실을 비우고 외부에 나가버린다. 전화도 잘 받지 않는다. 대출금 상환 요청을 받고 놀란 가슴을 다스리며 연락을 취하지만 소용없을 때가 많다. 직접 찾아가 보아도 자리에 없다. 치밀하게 계획하고 작업한 것이기 때문에 돌이킬 수 없는 상황이 대부분이다. 어렵게 연락이 닿아도 '그 은행 직원과 지인이라서 어쩔 수 없었다'라거나 '거래 조건이 좋아서 옮기게 되었다'는 대답만 듣게 된다.

이런 이탈을 막기 위해서는 평소에 고객관리를 잘해야 한다. 수시로 고객을 찾아가고 연락해야 한다. 특히 고객사의 실무 직원들과 신뢰 있는 관계를 맺는 것이 중요하다. 경리나 자금 담당 직원들은 업무상 기존의 거래처를 선호한다. 때문에 경쟁 회사의 움직임을 은근슬쩍 전달해 주기도 한다.

: : 둘째, 인사이동 등 담당자가 바뀔 때 주의해야 한다

거래 관계를 오래 유지하면 담당자와 관계가 친밀해지고 그런 관계를 바탕으로 정보 교환이 이뤄진다. 지점장이나 담당자가 바뀌는 과정에서 면밀하게 준비하지 않으면 경쟁사가 덜렁 물어가게 될 수도 있다. 좋은 기업에 대해서는 항상 미끼를 던지고 있고 기회만 오면 사냥에 나서기 때문이다.

인사이동 등으로 담당자가 바뀌면 하루빨리 거래처를 방문하여 관계를 설정하고 애로를 청취하여야 한다. 새로 부임하면서 몇 달 동안 방문이나 연락도 하지 않는 경우가 있다. 자기가 일하기 편한 고객, 잘 아는 고객만 찾아다니는 세일즈맨은 하수다. 다소 까다로운 고객일수록 좋은 고객일 경우가 많다. 시장에서 경쟁력이 있는 고객은 요구사항이 많고 큰소리를 치기 마련이다. 어려운 고객일수록 한 번 더 찾아가고 신뢰 관계를 형성해야 한다.

: : 셋째, 작은 목소리에도 귀를 기울여야 한다

고객은 직간접적으로 애로사항이나 불만사항을 이야기한다. 사소한 불만사항이 있으면 잘 듣고 해결해 주도록 노력해야 한다. 고객의 작은 불편도 해결하려고 하고 어려운 일은 풀어주는 컨설턴트 역할을 하여야 한다. 고객의 일을 자기 일로 생각하고 성의를 다하여야 한다.

별일 아니라고 생각하고 무시하고 있다가 어느 순간 고객은 소리 없이 떠난다. '다른 곳으로 가겠다'고 이야기하고 이탈되는 고객은 없다. 주유소에서 기름을 넣을 때 서비스나 가격이 마음에 들지 않으면 아무 소리 없이 그 주유소에 가지 않는 것과 같다. 오랫동안 거래하고 있어 '별 문제 없겠지' 하는 순간 고객의 마음은 떠난다. 항상 귀를 열고 고객의 소리를 경청하여야 한다. 설마 하다가 고객이 이탈될 때 난리법석을 쳐 보아야 때는 늦은 것이다. 비즈니스 세계는 냉정하다. 항상 경계하고 고객에게 최선을 다하여야 한다.

중심부가 주변부로 변하기도 하고 주변부가 중심이 되기도 한다. 어린아이가 커서 어른이 되고 어른이 나이 들어 노인이 되듯이 세상사는 항상 변화한다. 작은 업체라고 무시하면 안 된다는 소리다. 미래를 보고 고객에게 최선을 다해야 한다. 세일즈맨은 당장의 이익보다는 미래를 보고 영업을 해야 한다. 고객의 사업이 잘되도록 도움을 주는 것이 세일즈맨의 미션이다.

: : 넷째, 고객과 신뢰 회복이 중요하다

'이 친구와 거래하면 어려운 문제도 잘 해결해 주고 믿을 만하다' 는 신뢰를 주면 고객은 결코 이탈되지 않는다. 내가 고객을 도와주려고 하면 고객도 나에게 도움을 주려고 한다. 신뢰가 회복되면 고객은 경쟁 회사의 움직임에 대한 정보를 주기도 한다.

고척동 지점장으로 부임하여 얼마 되지 않을 때다. 자금력이 풍부하고 재력이 탄탄한 우수 고객이 있었다. 고척동 지점의 가장 큰 거래선 중 한 분이었는데, 빌딩과 병원을 소유하고 있어 경쟁 회사마다 고객유치를 위해 낚싯줄을 던지고 있던 고객이었다. 지점장으로 부임한 지 얼마 되지 않아서 아직 친밀한 관계로 발전하지 못한 상태였다. 신규 사업장 관련 대출 요청이 있어 검토하는 중에 KB의 대출 조건이 경쟁 회사보다 좋지 못하다는 이야기를 했다. 상품이나 금리 조건을 해결해 보려고 하였지만 쉽지 않은 상황이었다. 그 사이 경쟁 회사에서 신규 유치를 위해 적극적으로 나서며 좋은 조건을 제시했다고 했다. 그러던 중 결국 고객이 모든 은행 거래를 경쟁 회사로 옮기겠다고 했다. 부랴부랴 고객에게 연락을 취했지만 전화는 받지 않았고 그의 사무실로 찾아갔지만 만날 수 없었다.

답답한 마음에 고객의 집으로 찾아갔다. 소낙비가 엄청 쏟아져 내리는 날이었다. 아파트 입구에서 우산을 받쳐 들고 하염없이 기다렸다. 밤이 깊어서야 고객의 차가 아파트로 들어왔다. 주차장으로 가서 인사하고 현관으로 가서 비를 피하면서 이야기를 나누었다.

"어찌 여기까지 왔어요?"

"회장님 전화도 안 되고 회사에 찾아가도 못 뵈어서 찾아왔어요."

고객에게 절박한 사정을 이야기했다. 은행에서 할 수 있는 모든 방법을 강구해 보겠다고 했다. 우리 지점에서 가장 큰 고객인데 타 회사로 가면 안 된다고 읍소하였다. 나의 이야기를 듣고 마음이 여린 고객은 '알겠다'는 대답을 했다. 다음 날 고객의 사무실로 찾아가서 새로운 제안을 했고, 고객의 마음을 다시 돌려놓을 수 있었다. 진심은 통하는 법이다. 마지막 순간에 진심을 다하여 고객에게 다가갔고 고객 역시 진심으로 대하여 주었다. 이후 고객과는 정말 좋은 관계가 되었고 가끔 옛이야기를 나누며 함께 식사를 한다.

열정과 근성으로 일하면 안 되는 일이 없다. 이탈 조짐이 있는 고객도 진심을 가지고 최선을 다하면 방어를 할 수 있다. 나는 현장 경험을 통해 선한 의지와 긍정의 마음으로 정성을 다하면 원하는 바가 이루어진다고 믿는다.

02

기업 부실,
어떻게 감지하고
관리할 것인가

영업 현장에서 수많은 흥망성쇠를 보아왔다. 은행 생활 중 대부분의 시간을 기업 관련 업무를 해 왔다. 설립 때부터 지켜본 회사도 있고, 잘나가다 금융위기 때 한순간에 무너지는 기업들도 보았다. 꾸준하게 성장하여 안정적으로 기업을 유지하는 회사도 많지만 많은 기업이 어려움을 겪고 부도가 나고 법정관리, 기업회생 프로그램에 편입되고 청산되기도 한다.

비즈니스의 세계는 정글과 같다. 기회와 리스크가 공존하는 세계이기도 하다. 코로나19로 어려움을 겪고 있는 기업과 업체들도 많지만 일부 업종과 업체들은 코로나19를 기회 삼아 승승장구하는 곳도 많다. 얼마 전 친구에게 들은 이야기이다. 친구의 동서는 임대 공장에서 마스크 제조업체를 어렵게 운영하고 있었다고 한다. 그런데 코로나19로 많은 돈을 벌어 건물도 사고 최고급 차도 샀다고 한다. 반면에 여행사를 운영하던 친구는 코로나19로 업종을 바꿔 골프의류 매장을 열었다고 했다.

:: 변화하는 시장, 누가 살아남고 누가 사라지는가

정글에서 기후 등의 환경변화에 따라 수많은 종들이 생겨난다. 한편으로는 그 환경변화로 수많은 생명체가 사라진다. 환경에 적응하는 종들은 살아남고 번성하지만 적응하지 못하는 종들은 쇠퇴한다. 시장도 정글과 같다. 환경변화에 따라 새로운 업종이 뜨고 새로운 기업이 나타나고 성장한다. 수많은 기업이 시장에서 경쟁하며 살아남기도 하고 퇴출되기도 한다.

변화에 적응하지 못하는 기업, 시장 트렌드에 따라가지 못하는 기업, 경영능력이 부족한 기업 등은 시장에서 퇴출된다. 리스크 관리보다는 사업 확장에 주력하다 무너지기도 하고, 치밀한 사업성 분석 없이 다른 사업 분야에 뛰어들었다 위기를 겪기도 한다. 능력에 맞지 않는 과도한 투자로 잘못되는 경우도 있다. 운이 따르지 않아 갑자기 큰 사건에 휘말려 쇠락의 길에 들어서는 기업도 있다.

국내 굴지의 대기업에 IT 프로그램을 공급하던 한 업체가 있다. 그동안 대기업에 납품하여 안정적으로 운영을 하였지만, 대기업이 새롭고 더 간편한 IT 프로그램을 도입하게 되었다. 대기업 입장에서는 보안성이 강화된 최신 기술의 새 프로그램을 도입하는 것이 당연하다. 그러나 그 때문에 기존 공급 업체는 개발비 수십억을 공중에 날리게 되었다. 대기업과 거래하는 중소 업체들에겐 대기업의 정책 변화 등이 큰 리스크가 된다.

자동차 산업에서 전기차가 업종의 대세로 뜨면서 기존 내연기관 장비 제조업체들은 냉가슴을 앓고 있다. 자금력과 기술, 정보력이 있다면 전기차 시장에서 생존할 수 있도록 준비하고 비즈니스를 전환할 것이다. 하지만 영세 중소 업체에게는 쉬운 일이 아니다.

새로운 기술과 경쟁자의 출현, 고객의 취향과 니즈의 변화, 거래처의 정책 변경, 구매와 시장 위험, 금융위기 등등 무수한 리스크가 상존해 있는 것이 기업의 현실이다. 따라서 은행은 기업의 부실 징후를 조기에 감지하고 채권자로서 응당 필요한 조치를 해야 한다.

: : 위기에 처한 기업은 은행에다 '어렵다'고 하지 않는다

위기가 와서 어려워진 기업은 은행에 와서 기업 상황이 어렵다고 이야기를 하지 않는다. '기업이 어렵다', '위기상황이다'라고 말하는 순간 회사의 자금줄이 막힌다고 생각하기 때문이다. 따라서 은행은 기업의 부실 징후를 조기에 감지하고 채권자로서 필요한 조치를 해야 한다. 기업은 스스로의 상황을 잘 알지만 은행은 기업의 채권자이면서도 상황을 잘 알지 못하는 정보의 비대칭이 있다. 따라서 항상 거래 기업을 모니터링하고 관계를 강화하여 정보의 비대칭을 극복하여야 한다.

기업금융을 하면서 기업이 갑자기 문을 닫고 연락두절이 되는 경우를 많이 보아왔다. 대부분 부채가 많고 매출은 줄어들고 현금흐름이 좋지 않던 기업이다. '더 이상 안 되겠다'며 포기해 버려 당황한 적이 작지 않게 있었다. 채권자들이 몰려가서 항의해 보아도 방법이 없다. 정말 답답하고 당황스러운 경우다.

: : 담당자의 근황과 회사 분위기에서 징후를 찾는다

경험적으로 경리 직원이 갑자기 퇴직을 하고 자금 담당자가 자주 출근을 하지 않거나 연락이 잘 되지 않는 경우, 예의주시해야 한다.

평소에 업체 직원들과 좋은 관계를 유지하고 있다면 회사의 어려운 상황에 대해 귀띔을 들을 수 있다. 또한 자주 방문하여 회사의 분위기를 파악해야 한다. 중견 기업이라면 반기별 재무제표나 자금현황으로 판단하고 방문하여 기업의 근황을 모니터링할 수 있다. 하지만 소규모 기업은 재무제표 등의 자료 확보와 모니터링이 어렵기 때문에 더욱 자주 방문하여 회사의 업황을 살펴보고 점검해야 한다.

기업을 방문해 보면 직감적으로 회사가 어려운지, 잘나가는지를 알 수 있다. 잘나가는 회사는 주변 정리가 잘되어 있고 직원들이 밝고 활기차다. 어려운 회사는 어수선한 분위기에 직원들의 표정이 어둡고 우울해 보인다. 또한 사장과 대화해 보면 금방 회사의 실상을 알 수 있다.

: : 경비 담당에게서 특별한 정보를 얻는다

경비직원은 회사의 실제상황을 매일매일 눈으로 보고 있다. 그래서 회사의 남다른 정보를 가지고 있다. 회사의 제품이 얼마나 창고에 보관되어 있는지, 물동량은 어떠한지, 어떤 사람이 주로 찾아오는지 등등 사소하지만 매우 중요한 정보를 가지고 있다. 따라서 이들의 정보를 통해 회사의 이상 징후를 더욱 잘 파악할 수 있다.

직원들의 이동과 퇴사가 많으면 문제가 있는 것이다. 외부인의 출입이 잦고 상품의 반출량이 갑자기 많은 것도 이상 징후이다. 기업을 방문할 때 경비직원에게 사은품도 전달하고 대화를 나누는 여유가 필요하다. 세상에는 높은 사람도 없고 낮은 사람도 없다. 모두 우리의 고객일 뿐이다.

: : 잠적하는 기업주를 주의하라

상황이 안 좋다는 내색 없이 어느 날 갑자기 문을 닫고 흔적 없이 사장과 가족이 모두 사라져 버리기도 한다. 2018년 충남지역에서 본부장으로 근무할 때다. 갑자기 담당 직원이 ○○회사가 연락이 안 된다고 했다. 부랴부랴 해당 기업 담당 팀장인 RM과 ○○회사로 달려갔다. 천 평이 넘는 공장에 사람이 한 명도 없었다.

사무실로 들어가니 베트남 출신 외국인 근로자 몇 명만이 옹기종기 모여 심각한 분위기로 대화중이었다. 사장과 부인이 도주해 버리고 연락이 안 된다고 했다. 신용보증기금 등 충남 지역 금융 기관 직원들만 왔다 갔다 하고 있었다. 직원들은 출근을 하지 않았고 외국인 근로자들은 몇 달치 임금을 받지 못한 상태로 대책을 논의하고 있었다. 사장과 부인이 갑자기 연락두절이고 집에도 문이 잠겨 있었다. 외국인 근로자들은 어찌할 줄 모르고 있어 안타까운 심정이었다. 가족을 위해 먼 타국에 와 열심히 일했는데 급여도 받지 못하고 사장은 도주해 버렸으니 가슴이 아팠다.

다행히 은행에는 여신 금액이 많지 않고 손실은 크지 않을 것 같아 한숨을 돌렸다. 불과 한두 달 전에 금융지원 요청이 있었고 지원이 어렵다고 통보하였는데 깜짝 놀랐다. 이 회사는 화물운송용 견인차 차체를 만드는 업체였다. 공장은 임차 공장으로 대표자는 부인 명의로 되어 있었다. 과거 사장이 한번 사업에 실패를 하여 신용 상의 문제로 부인이 대표자로 등재되어 경리 담당을 하고 있었다. 실질적으로는 남편이 경영을 하고 부인이 자금 총괄을 하였다. 임차 공장에 실패 경험, 외국인 근로자 중심 종업원 등 문제가 생기면 잠적하고 포기하고 싶은 딱 좋은 조건인 셈이었다.

나는 영업점 생활 대부분을 기업금융 업무를 하였다. 과거에는 어느 날 갑자기 연락두절 되고 잠적하는 기업주들을 많이 보아왔다. 기업이 어려워질 때 요즘은 대부분 기업회생 프로그램으로 진행하던지 법정관리 등으로 청산절차를 밟는다. 아직도 이런 행태를 보이는 사람들을 보며 세상에는 좋은 사람만 있는 것이 아니라는 생각을 한다.

03

원하는 결과를
얻는 협상,
이렇게 하라

우리는 무수한 관계를 맺고 산다. 아내와 남편, 부모와 자식, 상사와 부하 등 수많은 사람들과 부딪치고, 그들이 가능한 한 내가 원하는 방향으로 움직여주길 바란다. 모든 사람들이 자기가 원하는 방향으로 움직여주길 바란다. 협상이란 바로 자기가 원하는 대로 상대방을 움직이게 만드는 기술이다. 세상을 움직이는 것은 사람이고, 사람을 움직이게 하는 기술이 협상이다.

협상을 기교로 생각하고 포커페이스로 무표정하게 하려는 사람도 있다. 그러나 그렇게 하면 협상의 가장 중요한 원칙과 흐름을 놓치게 된다. 늘 염두에 두어야 할 것 가운데 하나는 협상은 '인간관계를 맺는 과정'이라는 사실이다. 서로 좋아하고 신뢰하는 관계가 맺어지면 결과가 좋게 나올 확률이 크다. 인간관계가 좋지 않으면 결과가 좋을

리 없다. '말 한마디로 천 냥 빚 갚는다'는 말이 있다. 협상이란 상대방의 생각을 나에게 유리한 방향으로 바꾸는 시도이다. 협상을 성공적으로 이끄는 전략을 알아보자.

:: 첫째, 상대의 숨어 있는 욕구를 찾아라

우리가 협상을 하는 이유는 각자의 욕구 때문이다. 사람은 자신의 욕구를 충족시키기 위해 여러 요구를 한다. 매점에서 목이 말라 콜라를 찾는 사람이 있고 매점에는 콜라가 떨어지고 없다고 치자. 이때 이 사람의 욕구는 갈증이 나서 시원한 음료를 찾는 것이다. 이때 콜라가 떨어지고 없으면 사이다를 내어 줄 수 있다. 사이다로 충분히 목을 축일 수 있기에 받아들일 가능성이 있다. 협상 테이블에서 말하는 요구에 집착하기보다는 밑바탕에 숨어 있는 욕구를 찾는 것이 중요하다는 것이다.

빙산모델이라는 것이 있다. 빙산은 수면 아래에 거대한 얼음 덩어리가 있지만 그 위에 드러나는 것은 10%도 되지 않는다. 수면 아래에 드러나지 않은 얼음 덩어리와 같은 상대의 숨은 욕구를 찾는 것이 중요하다.

:: 둘째, 상대의 본능적인 감정을 자극하라

본능적인 감정을 자극하여 협상을 유리하게 이끌어야 한다. 동네

가구점에서 가구를 구입할 때 상황을 가정해 보자. 가구점 주인은 절대로 깎아줄 수 없다고 한다. 이때 이렇게 말해 보자.

"이번에 할인해 주시면 단골로 할게요. 아이들 책상도 바꿔야 하고 침대도 바꿔야 해요. 내가 아는 옆집도 가구를 사야 한다고 하더라고요. 동네에 소문을 많이 낼게요. 내가 이 동네에서 20년 이상 살아 아는 사람이 많아요."

이렇게 호소하면 가구점 주인은 미래를 보고 할인해 줄 가능성이 크다. 상대는 미래의 경제적 이익을 얻고자 하는 욕구를 가지고 있다. 여기에 미래의 커다란 이익에 대한 욕구를 자극하는 것이다.

: : 셋째, 윈윈하는 협상을 하라

협상을 마치 씨름하듯이 이기고 지는 게임으로 생각하면 안 된다. 좋은 협상은 상대방을 쥐어짜고 나의 이익을 취하는 과정은 아니다. 상대방을 쥐어짜고 내가 이기는 협상을 하면, 상대방은 언제든지 기회가 오면 복수할 가능성이 높다. 나쁜 뒷맛을 느낀 상대방은 기회가 되면 그 약속을 파기하려고 할 것이고 심한 경우 소송과 같은 극단적인 방법을 선택할 수도 있다. 협상은 윈윈(Win-Win)하는 게임이 되어야 하며, 뒷맛이 좋아야 한다. 좋은 협상은 상호간에 관계를 발전시킬 수 있다. 자신의 이익을 극대화하여 소탐대실하는 잘못을 저지르지 말아야 한다.

: : 넷째, 배트나를 최대한 활용하라

협상의 중요 요소 중 하나가 배트나(BATNA, Best Alternative to Ne-gotiated Agreement)이다. 배트나란 '협상이 결렬되었을 때 취할 수 있는 최상의 대안'이다. 가게에서 물건을 살 때 그 가게에 물건이 없으면 이웃한 옆 가게로 가는 것이다. 만일 그 물건이 그 가게밖에 없으면 협상력은 약해질 수밖에 없다. 나에게 좋은 배트나가 있으면 상대가 약해질 수밖에 없다. 협상 테이블에서 상대방이 나에게 얼마나 양보하느냐는 내가 가지고 있는 배트나의 크기에 영향을 받는다. 나의 배트나가 좋지 않을 때는 그것을 숨겨야 한다. 상대방이 나의 배트나가 좋지 않음을 아는 순간 훨씬 야박하게 나올 가능성이 높기 때문이다.

: : 다섯째, 좋은 인간관계를 만들어라

사람은 상대방을 좋아할 때, 상대방에게 호감을 느낄 때 더 주고 싶어 한다. 상대방이 너무 좋으면 모든 것을 주고 싶어 하는 것이 인간의 마음이다. 반대로 그 사람이 싫으면 덜 주고 싶고, 주었던 것도 뺏고 싶을 때도 있다. 협상에서 인간관계 형성이 중요한 이유이다.

일반적으로 사람들은 꾸밈없는 사람을 좋아한다. 꾸밈이 없다는 것은 자신의 감정이 느끼는 대로 행동하는 것을 의미한다. 소탈한 사람을 좋아한다는 이야기다. 반대로 꾸밈이 많은 사람을 싫어한다. 아마추어 협상가들은 자신이 만만한 상대가 아니라는 것을 보여 주려고 쓸데없이 자신을 자랑하거나 일부러 포커페이스를 하거나 그럴듯한 동작을 취한다. 이렇게 되면 서로 힘겨루기가 될 가능성이 높아지고 서로 좋아하는 관계로 발전하기 어렵게 된다. 유능한 협상가는 상대방을 편안하게 해준다. 자기감정에 솔직한 사람만이 상대를 편안하게 할 수 있다.

: : 여섯째, 질문하라

협상이란 상대방의 요구를 파악하는 기술이다. 질문은 욕구를 알아낼 수 있도록 도움을 준다. 협상에서 질문은 마법과도 같은 것이다. 콜라를 하나 달라는 고객에게 '콜라가 없는데요'라고 하면 협상이 결렬된다. 그러나 '꼭 콜라여야 하나요?'라고 질문을 던진다면 협상이 이루어질 수 있다.

협상에서 가장 중요한 질문은 '왜?'라는 질문이다. 상대방이 왜 그것을 원하는지 알아야 한다. 상대방의 요구가 아닌 욕구에 초점을 맞출 수 있다. 질문은 상대방에게도 좋은 인상을 준다. 자신의 입장만 주장하지 않고 상대방의 입장에 관심이 있다는 인상을 주기 때문이다. 질문은 상대방의 논리적 허점, 모순이 있거나 일관성이 부족할 때 그것을 지적해 주어야 한다. 협상 테이블에서 할 말이 없으면 질문을 하면 된다. 질문은 새로운 가능성을 열어준다.

고객과
가격 협상에서 밀리지 않는
노하우

비즈니스의 마지막 단계는 가격 협상인 경우가 많다. 인간은 손실 회피 본능을 가지고 있다. 고객은 손해를 보지 않으려는 경향이 있으며 상품이나 서비스에 낮은 가격을 지불하려 한다. 많은 세일즈맨이 자사의 상품과 서비스가 경쟁사에 비해 상대적으로 가격이 높아 세일즈가 어렵다고 한다. 은행에서도 고객에게 판매하는 상품과 서비스가 타 금융회사보다 가격이 높아 영업이 안 된다는 말을 많이 듣는다.

: : 가격보다는 가치에 집중하라

고객은 자신에게 가장 유리한 금리와 서비스를 중요하게 여긴다.

가격을 깎고 싶은 것이 고객의 욕망이다. 현실적으로 가격을 깎아 주면 세일즈는 쉬워진다. 그러나 가격을 낮추면 이익이 줄어들 것이고 상황에 따라서는 이익이 없을 수도 있다. 영업은 이윤을 남기기 위한 비즈니스이다. 자신을 위해서도 회사를 위해서도 절대로 바람직하지 않다.

소비자가 상품을 구매할 때 중요하게 여기는 것은 '가치〉가격'이다. 따라서 가격보다 가치가 높다는 것을 효과적으로 전달할 필요가 있다. 상품과 서비스의 특징, 효과를 부각시켜 고객이 상품과 서비스에 더 높은 평가를 내리도록 설득해야 한다.

사람들이 정수기가 있는 데도 돈을 내고 생수를 구입한다. 공중파 무료 방송이 있는 데도 매달 돈이 나가는 케이블TV를 설치한다. 프로야구를 무료로 볼 수 있는데 돈을 내고 야구장에 가서 경기를 본다. 자신이 제공받는 서비스가 가격보다 가치 있다고 생각하기 때문이다.

:: 비싸서 팔리는 것도 있다

저렴한 가격의 물건만 팔리지는 않는다. 가격이 비싸도 잘 팔리는 경우가 많다. 같은 용량의 세탁기도 가격이 천차만별이다. 유명 브랜드의 세탁기는 200만 원이고 중국산 세탁기는 100만 원이라 하자. 브랜드와 서비스가 다르기 때문에 가격 차이가 난다. 이용 만족감과 사용 후기도 천차만별이다. 어떤 경우는 재고가 없어 구매 후 한참

후에야 배달되기도 한다. 매장의 분위기도 다르다. 유명 브랜드는 사용하다가 문제가 생기면 새것으로 교환도 가능하다. 가격이 비싸도 유명 브랜드 세탁기가 잘 팔리는 것이다. 가격 더 싸다고 그것을 구입하지는 않는다는 말이다.

: : 고객의 최종결정, 가격만이 잣대가 아니다

가격이 무너지기 시작하면 회사의 이익과 개인의 성과에 손해를 보게 되고 결국 남는 것 없는 헛수고가 될 수 있다. 인하된 가격을 수용한다 하더라도 상대방은 가격 인하를 노린 속셈이 드러나기 때문에 거래가 진행될 가능성이 크지 않다고 보아야 한다. 상대방에게 거절 사유를 물어보고 상대방이 답하지 않은 숨은 이유를 찾아야 한다. 경쟁사 때문인지, 정말 가격 때문인지 구체적으로 원인을 파악하고 추후를 대비하여야 한다.

고객과
장기적인 파트너십을
만들자

관계가 오래된 사람일수록 더 아끼고 예의를 지켜야 관계를 지속할 수 있다. 이는 비즈니스 관계에서도 마찬가지다. 현재 거래하고 있는 거래 고객을 소홀히 하고 새로운 가망 고객을 섬기는 것은 대단히 위험하다. 기존에 거래하고 있던 고객에게 항상 관심을 주고 소홀하지 않게 관계를 강화하여야 한다. 신규 고객 유치에 혈안이 되어 뛰어다니다가 기존 고객이 이탈되는 경우를 종종 목격한다. 산토끼 잡으려다 집토끼 잃어버리는 것과 같다. 신규 고객 유치 못지않게 기존 고객 유지관리에 많은 노력을 기울여야 한다.

마케팅 이론에 따르면 새로운 고객을 유치하는 것은 기존 고객을 유지하는 것보다 5~20배의 비용과 에너지가 소모된다고 한다. 상품을 구매할 가능성은 기존 고객의 경우 60~70%, 새로운 잠재 고객의 경우 5~20%라고 한다. 기존 거래 중인 충성 고객이 상품과 서비스를 재구매할 가능성이 5배 이상 높다. 또한 다른 사람에게 거래 중인 상품과 서비스 등을 추천할 가능성도 기존 고객이 약 4배 이상 높다고 한다.

파레토 법칙에 따르면 실제로 거래 고객에게서 수익이 날 확률은 기존 핵심 고객에게서 80% 이상이다. 나머지 고객에게서 20% 수익이 나온다. 사실은 이보다 더 치우치는 경우가 많을 것이다. 그러므로 기존에 거래하고 있는 고객과 파트너십 구축이 정말 중요하다.

고객과의 파이프라인을 구축하고 유대관리를 강화해야 한다. 고객이 다가오기를 기다리지 말고 스스로 주도적으로 만남을 주선하고 적극적으로 연락하여야 한다. 고객의 전화를 기다려서는 결코 성공할 수 없다. 간절한 마음으로 연락하고 고객의 니즈를 파악해야 한다.

고객과의 장기적인 파트너십을 구축하는 방법 몇 가지를 소개한다.

:: 첫째, 전화하고 이메일 보내고 연락하기

고객에게 이메일과 전화로 안부를 묻고 필요한 사항은 없는지를 확인한다. 이메일을 통해 금리, 환율 등 시장 정보나 고객 관련 정보, 관련 기사를 보내 주면 고객과의 관계도 강화되고 고객에게 믿을 만한 회사와 직원이라는 신뢰를 심어줄 수 있다.

: : 둘째, 얼굴 맞대고 소통하기

전화만으로도 진행 중인 비즈니스에 대해 협의하는 것이 가능하다 하더라도 중요한 사항은 직접 얼굴을 맞대고 대면하는 것이 훨씬 좋다. 직접 만나서 상담하다 보면 고객의 의사를 정확히 알 수 있다. 대면 미팅을 하면 고객도 진지하게 대해 줄 것이다. 커뮤니케이션 이론에서는 언어로 전달되는 내용은 10%도 안 된다고 한다. 목소리, 표정, 몸짓 등을 통해 고객과 소통하고 경청해야 한다. 전화로는 잘 되지 않던 일도 대면 미팅을 통해 잘 해결할 수 있다. 또한 대면 만남은 친밀도도 높일 수 있다. 직접 방문하면 고객은 자신의 관심과 시간을 더 많이 내어 준다.

: : 셋째, 니즈를 충족시켜 주고 컨설팅을 해주기

고객의 니즈는 지속적으로 바뀐다. 따라서 고객의 변하는 욕구를 파악하고 충족해 주어야 한다. 고객의 니즈를 충족해 주기 위해서는 고객의 생활환경, 가족관계, 관심사항, 취미생활 등을 파악하고 업종의 현황, 경영상태, 담당자의 성향 등을 알고 있어야 한다.

영업직원의 이익이 아니라 고객의 이익으로 접근하고, 고객의 성공을 돕는 차원에서 조언을 하고 컨설팅을 해주어야 한다. 고객과의 관계가 잘 형성된 세일즈맨은 그 회사 직원처럼 대접을 받는다.

: : 넷째, 친밀한 관계 유지하기

비즈니스와 관련된 정책사항이나 변경사항을 고객과 공유하여야 한다. 일을 하면서 알게 된 고객과 관련된 정보사항을 고객과 공유를 하면 고객은 감사해할 것이다. 또한 고객의 업무에 도움이 될 만한 네트워크 기회를 만들어 고객에게 제공한다.

상품 판매 이후에도 고객에게 헌신하는 모습을 보여 주어야 한다. 그래야 고객과의 관계가 장기적으로 발전된다. 상품 판매 이후에도 회사 내 다양한 직급의 사람들과 소통하고 지식과 정보를 전달하여야 한다. 중간간부와 접촉한다면 실무적인 문제 등 디테일한 부분을 중심으로 소통하고 경영진과 접촉 시에는 전략상의 고려나 고차원적인 이슈에 대해 논의해야 한다.

: : 다섯째, 기념일과 경조사는 꼭 챙기기

기업 고객인 경우 창립기념일, 공장 신축, 사무실 이전 등이 발생한다. 각종 기념일엔 화환이나 축하난을 보내고 방문하여 축하한다. 체육 행사 등엔 막걸리 등 주류와 음식을 보내 주면 사장이나 직원들을 기분 좋게 만들 뿐만 아니라 담당 직원을 우쭐하게 해준다. 경조사는 반드시 직접 방문하여 고객과 신뢰 관계를 탄탄하게 만들어야 한다. 특히 조사인 경우 먼 길을 방문하면 두고두고 감사해 한다.

세일즈맨들은 신규 고객 유치 후 상품 판매가 끝난 다음 고객관리가 소홀해지기 쉽다. 상품 판매는 끝이 아니라 새로운 시작일 뿐이다. 신규 고객을 핵심 고객으로 이끌기 위해서는 계속해서 장기적인 파트너십을 구축하고 관계를 유지하기 위해서 노력하여야 한다. 고객과 세일즈맨의 관점은 서로 다르기에 고객에 정성을 다하지 않으면 새로운 곳으로 눈을 돌린다. 시장은 정글 같아서 항상 새로운 포식자가 나타나 고객을 유인한다는 점을 명심하자.

정보의
비대칭과 역선택,
어떻게 극복할 것인가

우리는 살아가면서 많은 선택을 한다. 인생은 '선택과 포기의 과정'이 아닐까 하는 생각이 든다. 도전에는 항상 기회와 위기가 상존한다. 기업금융을 하면서 우량한 기업을 부실기업으로 잘못 판단하여 마케팅 기회를 놓치는 경우도 있고, 위험요소가 많은 불량 기업에 대출을 하여 큰 손실을 보는 경우도 있다.

: : 성장할 기업, 어떻게 알아볼 것인가

기업금융 RM 생활을 할 때 중견 기업인 ○○제약을 담당하였다. ○○제약은 매출액과 영업이익 등이 업계 5위 정도였고, 특정 의약품에서는 MS(시장점유율)가 국내 1위였다. 대표자는 창업자의 아들로 전문 지식이 풍부하고 경영능력도 뛰어났다. 미래 먹거리를 위해서 신약개발(복제약품), 의료장비 수입, SI(System Integration) 관련 계열회사를 설립하여 보유하고 있었다. 대부분의 신규 투자 사업이 그러하듯 이 계열회사들은 몇 년 동안 매출이 부진하고 영업적자 상태였다. 설립 초기 영업 상황이 좋지 않은 회사는 항상 운전자금과 시설투자 자금에 대한 수요가 있기 마련이다. 사업 확장에 따른 투자가 일어나고 매출은 서서히 일어난다. 기업 재무 상태만 보면 도저히 대출을 할 수 없는 기업이었다.

나는 ○○제약 CFO와 학연, 지연을 통해 친분을 가지고 신뢰관계를 형성해 회사의 내부사정을 잘 알 수 있었다. 계열회사의 성격과 지분관계를 파악하고 사업 전망을 들었다. 정보의 비대칭을 최소화하기 위해 자료를 모았다. 알아보니, 계열회사가 위기에 처하게 되면 모기업과 대표자가 지원할 수밖에 없는 구조였다. 모기업의 시장지위가 안정적이고 주력 제품이 국내 1위의 시장점유율을 유지하고 있었다. 그리고 모기업 대표가 계열사를 소유하고 직접 경영하는 점 등을 고려해 본부와 협의 끝에 계열회사 3곳과 대출 거래를 약정하였다. 그 뒤 계열사는 초기의 영업부진에서 서서히 벗어나 꾸준히 성장하였다.

: : 위험을 과소평가해 발생하는 제1종 오류

좋은 기업으로 판단하고 대출을 하였는데 오래되지 않아 부실화

되는 기업도 있다. 매출증가에 따른 기업운영자금이 필요하다고 하여 매출액과 영업 상황을 살펴보니 매출이 꾸준히 증가하고 있어 대출을 하였으나 자금경색으로 부실화된 기업도 있다. 매출이 떨어지면 은행에서 대출을 잘해 주지 않기 때문에 가공의 매출을 하여 매출을 부풀리고, 영업흑자가 나는 매출 자료를 제출하여 잘못 판단한 사례이다.

신용위험이 높은 회사에 대하여 신용위험을 과소평가하여 대출을 실행하는 오류를 '제1종 오류'라고 한다. 이런 경우 금융회사에 손실을 가져오고 자산건전성에 부정적인 결과를 초래한다. 반면에 좋은 회사인데 신용위험을 너무 높게 평가하여 대출을 거절하여 영업기회를 놓치는 상황도 발생한다. 좋은 기업을 대상으로 마케팅하고, 성장하는 기업을 대상으로 영업을 해야 하지만 좋은 기업인지, 어려운 기업인지 제대로 판단하기란 쉽지 않다. 기업과 금융회사 간에 정보의 비대칭성이 존재하기 때문이다.

대출자인 은행보다는 자금을 조달하여 투자하는 기업이 더 많은 내부 정보를 가지고 있어 정보의 비대칭성이 존재한다. 정보의 비대칭 상태에서는 부도 위험에 처한 기업이라 할지라도, 그 기업의 속사정을 모르는 사람이나 은행은 대출을 해줄 수 있다. 대출시장에서는 재무 상태가 불량한 회사일수록 대출을 받고자 하는 요구가 많기에 금융회사는 평균보다 훨씬 못한 불량 고객과 대출거래를 하는 역선택 가능성이 있다.

: : '중고차 값이 과도하게 할인되는 이유'

조지 애컬로프는 1970년 레몬시장(Market for Lemon) 이론을 다룬 논문을 발표해 노벨경제학상을 받았다. 애컬로프는 미국 재무부 장관인 재닛 옐런의 남편이기도 하다. 여기서 레몬은 품질이 떨어지는 제품, 곧 하자가 있는 상품을 뜻한다. 애컬로프는 중고차 시장에서 새 차의 가격에 비해 중고차의 가격이 상대적으로 더 많이 할인되는 이유를 분석하면서 역선택의 개념을 정립하였다.

애컬로프는 가격에 비해 성능이 좋은 승용차는 친구나 친척에게 팔고, 중고차 시장에 나오는 중고차는 대부분 사고가 났던 차처럼 친구나 친척에게 팔 수 없는, 겉보다 속이 못한 차(Lemon Car)이기 때문에 차값이 과도하게 할인된다고 보았다.

금융시장에서도 위험성이 높은 기업일수록 대출을 받으려 하기 때문에 은행은 불량 기업에 대하여 역선택의 위험이 있다. 역선택을 방지하기 위하여 기업 세일즈맨들은 다양한 수단을 동원하여 기업과의 관계를 강화하여 정보의 비대칭성을 최대한 극복해야 한다.

다음은 기업과 정보의 비대칭을 극복하는 방법이다.

① 고객과의 관계 강화로 정보 비대칭 최소화하기

고객과의 장기적인 관점에서 관계를 형성하고 정보를 수집하고 분석하여 정보의 비대칭을 최소화하여야 한다. 회사의 재무 자료를 정기적으로 살펴보고 대표자나 임직원들과 교류하면서 정보를 취득한다. 재무적인 정보 이면에 숨어 있는 비계량 정보를 잘 파악하는 것도 중요하다. 회사의 공시 자료를 분석하고, 비상장사라면 자주 방문하여 관계를 강화하고 회사의 사정을 파악한다.

② 우량기업과 부실기업을 판단하는 능력 키우기

우량기업과 부실기업을 판별할 수 있는 역량을 갖추어야 한다. 지식과 역량을 쌓아 기업을 보는 안목을 키우고 산업을 보는 시야를 넓혀야 한다. 사전 마케팅 단계부터 부실기업이 신규 고객으로 유입되지 않도록 해야 한다. 또한 시장도 변화하고 기업도 변화하기에 항상 시장과 기업의 동향을 살펴볼 필요가 있다.

③ 고위험을 주의하지 않는 고객은 거절하기

기업이 투자위험이 높은 사업에 자금을 조달하려 할 때 고금리 차입이 불가피한데 고위험, 고수익을 추구하는 투기 성향을 갖게 된다. 이때 금융회사는 고금리에도 불구하고 차입하는 회사에 대하여는 대출 거절을 하든지 담보를 설정하는 등 적절한 조치를 취해야 한다.

기업 대상 마케팅이 어려운 이유는 부지런히 뛰어다니면서 매출과 수익을 내야 하지만, 역선택을 하면 치명적인 손실이 나기 때문이다. 위험이 있는 곳에 수익이 있다고 한다. 하지만 금융회사는 작은 이자수익을 바라다가 역선택을 하면 원금을 떼이는 일이 발생할 수 있다. 따라서 기업 금융 세일즈맨들은 항상 공부하며 전문적인 식견을 갖추고, 고객과 신뢰관계를 맺고 정보를 취득하여야 한다. 지식과 경험을 쌓고 시장의 흐름을 이해하여야 한다. 위험을 최소화하는 안정적인 곳에 대출 영업을 하여야 한다.

07

직장에서
성공하려면
필요한 것들

세일즈맨에겐 외부의 영업활동도
중요하지만 직장 내에서의 성공적인 생활도 중요하다.

흔히들 직장생활에서 중요한 요소는 능력과 인성이라고들 한다.
능력이 있어도 인성에 문제가 있으면 원만한 직장생활이 어렵고, 아
무리 인성이 좋아도 능력에 문제가 있으면 성공하기 어렵다. 본인이
하고 있는 일에 전문성을 갖추고 성과를 내고 능력을 인정받아야 하
고, 올바른 인성을 갖추었을 때 주변사람으로부터 존중받고 관계가
원만해질 것이다.

오랫동안 직장생활을 하고 정년퇴임을 한 대학 선배 한 분이 얼마
전 '직장생활과 성공 요소'라는 글을 보내주셨다. 공감되는 내용이 많
았다. 나 역시 그동안 동료, 선후배들과 교류하고 많은 기업과 만나

면서 나름 직장에서 인정받고 성취를 이루는 방법에 대해 느낀 것들이 있다. 선배의 생각에 공감하여 나의 생각을 더하여 정리해 보기로 한다. 사람마다 성격과 재능이 다르기에 정답은 없겠지만 여러 사람이 공감하는 내용일 것 같다.

: : 첫째, 자신의 상품가치를 높인다

직장에서 잘나가는 사람을 보고 흔히 누가 뒤를 봐주고 있다느니, '빽'이 있다느니 하는 이야기를 많이 한다. 그러나 누가 뒤를 봐준다거나 빽만으로 잘나가긴 어렵다. 뒤돌아보면 그 사람은 당연히 그만한 능력이 있는 것이고 준비되어 있는 사람이다. 인정할 것은 인정해야 한다. 상품가치가 있어야 조직에서 인정받는다. 직장생활에서 본인의 경쟁력이 있어야 한다. 본인의 능력이 있고 인성이 좋으면 조직은 그 사람을 중용할 것이다. 즉 자신의 상품가치가 최고의 경쟁력이 되는 셈이다.

모든 직장은 직원을 평가한다. 상향식 평가, 동료 평가, 하향식 평가 등 직원을 평가할 때 대부분 업무능력, 업무성과, 인성 등 3가지를 중심으로 평가한다. 성과가 중요하다고들 하지만 그에 못지않게 업무능력이나 인성도 중요한 요소이다. 경쟁력 강화를 위해 부단히 노력하여 스스로의 상품가치를 높여야 한다.

인성 평가에는 평판이 지대한 영향을 미친다. 아무리 성과가 좋고 업무능력이 뛰어나도 인성이 문제가 되면 직장에서 그 사람을 기피

할 것이다. 어떤 회사에서는 직원 인사평가 때 모든 항목 점수를 합산한 후 인성 점수는 곱하여 점수를 낸다고 한다. 즉 업무능력과 성과가 뛰어나 각 100점을 받았다고 하더라도 인성이 0점이면 전체 평가가 0점이 된다는 것이다. 그만큼 인성관리를 그 무엇보다 중요하게 평가한다.

:: 둘째, 자신을 인정해 주는 상사를 만나야 한다

누구나 직장에서 인정받기를 원한다. 자신이 조직에서 아무리 뛰어나도 누군가가 발탁해 주지 않으면 흙 속의 진주가 되기 때문이다. 좋은 보석도 누군가가 흙 속에서 건져와 다듬어야 상품이 된다. 아프리카 오지 마을에서 아무리 달리기를 잘해도 누가 발탁해서 키워주지 않으면 그 마을에 살다가 묻히는 것이다. 아무리 뛰어나도 혼자서는 성장할 수 없다. 누군가가 이끌어주고 지지해 주어야 한다.

직장생활에서 나를 알아주고 잘 이끌어주는 상사를 만나는 일만큼 보람 있는 일은 없을 것이다. 이렇게 윗사람에게 인정받기 위해서는 자기의 상품가치를 높이는 한편, 자기의 상사와 원만한 관계로 상호신뢰하고 소통하여야 한다.

직장 내에서 상사와 부하, 위아래 모두 원만한 관계를 유지할 수 있는 방법은 상대를 편안하게 해주는 것이다.

:: 셋째, 나를 잘 따르는 후배를 만나야 한다

좋은 선배가 되어 후배들이 자기를 잘 따르고, 하고자 하는 일이 있을 때 원만하게 수행할 수 있게끔 서로 도와주고 도움을 받아야 한다. 자기를 믿고 따라 주는 후배가 많으면 존경을 받고 평판도 좋아지게 된다. 요즘 조직은 수직적 문화가 아닌 수평적 문화를 추구한다. 이는 조직 내에서 리더(Leader) 이상으로 팔로워(Follower)가 중요한 시대가 되었다. 잘 따르는 후배를 만들기 위해서는 항상 노력하고 공부하고 솔선수범해야 한다.

팔로워십(Followership)과 관련하여 현대 경영학의 아버지인 피터 드러커는 다음과 같은 사람을 가장 유능한 팔로워라고 하였다. 첫째, 자신이 모시는 상사가 능력을 발휘하고 잘되게 하는 것이 자신의 가장 기본적인 임무라는 인식을 확실하게 가지고 있는 사람이라고 한다. 둘째, 윗사람도 분명 단점이 있고 한계점이 있을 텐데, 그 단점과 한계에 미리 대비하고 잘 대응하는 사람이라고 했다.

:: 넷째, 항상 공부하고 자기계발을 열심히 해야 한다

노벨상을 두 번이나 받은 독일 학자 오스트발트는 세계적으로 성공한 2천 명의 성공 요인을 분석하였는데, 그 성공 요인은 긍정적 사고와 독서였다고 한다. 세계적인 투자가 워런 버핏에게 한 시민이 성공 요인을 묻자 그는 '책을 읽고 또 읽으세요'라고 대답했다고 한다.

직장 내에서 앞서 가려면 안목이 높아야 한다. 항상 공부하고 시대에 뒤처지지 않아야 하며 미래를 바라보는 시각이 있어야 한다. 안목을 높이는 지름길은 역시 독서하고 공부하는 것이 최고이다.

08

꿈을 꾸고
일을
즐겨라

우리가 살아가는 이유는 꿈이 있기 때문이다. 삶은 꿈을 이루어가는 과정이다. 직장생활도 마찬가지로 꿈이 있어야 한다. 꿈을 꾸고 목표를 향해 나아가는 직장생활은 늘 즐거울 것이다. 아무런 목표 없이 시간만 보내는 것은 하루하루 죽어가는 것이나 다름없다. 자신의 꿈을 꾸고 일을 즐겨야 한다. 즐기는 사람은 늘 엔도르핀이 솟아난다.

나는 은행원으로 근무하고 있어 미리 퇴직한 선배들을 많이 본다. 미리 퇴직하신 선배 중 열심히 제2의 인생을 사느라 바쁜 분들도 많지만 집에서 무료하게 시간을 보내거나 특별한 일이 없이 지내는 분들도 많다. 나는 이분들을 보면 무엇이든지 하라고 자주 이야기한다. 사람은 일이 있어야 하고 그 과정에서 희망이 생기고 활력이 생긴다.

직장이 없거나 집에서 하는 일 없이 그냥 놀고 있는 사람은 결코 행복할 수 없다. 열심히 일하고 주말에 쉬는 것이 얼마나 행복한 일인가. 잘 놀고 잘 쉬어야 재충전되고, 일도 잘 할 수 있다. 꿈이 있다는 것은 축복이다. 결국 하루하루를 살아가는 자신이 목표를 정하고 하루를 계획하고 구체적으로 조금씩 행동으로 옮겨 보면서 행복을 그려보자.

: : 전문가로 자리매김하자

평생 한 회사에서 일하며 그 회사가 전부라고 생각하는 사람들이 있다. 그곳을 떠나서는 무엇을 할 수 있다는 생각조차 하지 못한다. 자신의 전문적인 역량을 키워 자신의 회사에서 최선을 다하고 그 회사에서 일생의 꿈을 이루려는 것은 바람직하다. 하지만 한편으로는 바깥세상에 대해 무디어진다. 자신의 진정한 가치는 다른 회사로 옮겼을 때 평가받을 수 있는 가치가 본인의 가치일 것이다 .

자신이 있는 곳이 세상의 전부인 줄 아는 것은 우물 안 개구리다. 바깥세상에 대한 막연한 두려움을 떨치자. 능력이 있으면 세상은 넓고 할 일은 많다. 자신이 하는 일에 전문가가 되어야 한다. 어떤 분야든 전문가가 되고 역량이 있으면 어디에든 출구가 있고 문이 있다.

준비되어 있는 전문가는 자신감과 용기만 있다면 어디를 가서도 생존할 수 있다. 준비된 사람은 미래에 대해 두려워하지 않는다. 어려움에 처해 있어도 걱정할 필요가 없다. 그저 한발 내딛기만 하면 그 어떤 어려움에서도 빠져 나올 수 있다.

급변하는 경제 환경 속에 자신의 몸값을 올려 어디를 가도 환영받을 수 있는 지식과 역량을 가져야 한다. 항상 학습하고 지식과 지혜를 쌓아 문제해결 능력을 키우자.

: : 건강을 챙기자

주중에 헬스클럽에 자주 가는데 건강하고 멋있는 몸매를 만들기 위해 단련하는 젊은 사람들을 보면 나도 기분이 좋다. 주말에는 집 주변 인근 운동장에서 달리기를 한다. 처음에는 귀찮고 가기 싫었지만 지금은 매일 저녁 운동장 트랙을 10바퀴는 걷고 달린다. 운동장을 뛰고 돌아오는 발걸음은 가볍고 콧노래가 나온다. 집에 돌아와 샤워하고 나면 세상에서 제일 행복한 사람이 된다.

행복한 일상을 위해서는 건강이 최고이다. 모든 것을 다 가져도 건강을 잃으면 아무 의미가 없다. 건강관리를 위해서는 매일 땀을 흘리고 운동을 하여 스트레스를 날리는 것이 좋다. 운동도 즐거운 마음으로 해야 한다. 열심히 운동을 하게 되면 살이 빠지고 몸이 가벼워진다. 행복하려면 건강해야 하고 건강하려면 운동을 하여야 한다. 그러나 하기 싫은데 억지로 해야 한다면 안 하는 것이 낫다.

습관이 되면 오히려 운동을 하지 않아 몸이 근질근질하다. 머리가 아프든지 신경 쓸 일이 있을 때 뛰고 나면 거짓말같이 스트레스가 사라지고 기분이 좋아짐을 느낀다. 운동은 생활의 활력소이다. 에너지가 솟아나고 일상을 활기차게 한다.

: : 내면의 힘을 키우자

돈은 행복의 수단 가운데 하나이지 행복의 충분한 조건은 되지 못한다. 물질적인 것보다 내면의 가치, 관계적 가치가 중요하다. 정서적인 행복을 추구하여야 한다. 가족, 동료들과 깊은 신뢰를 형성하고 더불어 사는 세상에서 봉사 등으로 보람을 맛보아야 한다.

성공을 돈과 권력을 얻는 것이라고 생각하면 상대적 박탈감과 열등감으로 가득 찬다. 자신이 얼마나 아름답고 고귀한 존재인지 깨닫자. 그 누구도 자신과 똑같은 사람은 없다. 자신만의 영혼과 마음을 가진 유일한 존재로서 귀하고 특별하다.

내면의 힘을 키워야 한다. 겉으로는 남 부러울 것 없는 사람이 정신적으로 나약함을 보이는 경우가 많다. 많은 것을 가진 유명인들이 가끔 목숨을 던지는 사건들을 본다. 살다 보면 별의별 일 다 생기는 것이 인생이다. 화가 복이 되기도 하고 복이 화가 되기도 한다. 내면의 힘을 키워야 한다. 어려움이 자신을 단련시키고 단단하게 만들어준다.

내면을 강하게 하기 위해서는 가슴 뛰는 경험을 많이 하여야 한다. 미술관, 음악회, 전시회를 가고 자연의 경이로움을 체험하자. 선한 일을 하고 공감과 나눔을 체험할 때 좋은 호르몬이 분비된다. 남을 위해 봉사하고 봉사의 즐거움을 느끼자. 내면의 힘이 강해진다.

: : 긍정적인 마음

긍정적인 마음은 나의 모토다. 나는 선의지로 긍정적으로 살고자 한다. 내가 좋은 마음으로 살면 설령 조금 손해가 나더라도 내 마음은 더 편해지고 나와 함께 동행하는 사람은 선한 사람으로 채워진다. 언제나 긍정적인 마음으로 살아가는 마음은 평안과 안식을 준다. 설령 힘든 일이 있더라도 금방 회복한다. 세상사가 생각하기 나름인 것이 정말 많다. 칭찬을 많이 하는 사람은 사람들이 좋아한다. 반면에 늘 부정적인 이야기를 하는 사람이나 타인을 깎아 내리는 사람은 주변 사람이 좋아하지 않는다.

식물도 햇볕을 잘 쬐어주고 보살피면 싱싱하게 잘 자란다. 반대로 잘 보살펴 주지 않는 식물은 힘이 없고 죽어가기 마련이다. 긍정적인 말을 많이 하면 결국은 긍정적인 에너지로 자신을 행복하게 만든다.

사는 건 항상 문제와 위기의 연속이다. 중요한 것은 그것을 받아들이는 태도이다. '집에 불이 나도 새롭게 시작하는 계기로 삼으라'는 말이 있다. 낙천적인 마인드도 근육처럼 훈련해야 한다. 꾸준히 훈련하면 어느새 익숙해진다. 세상사가 생각하기 나름이다.

행복하려면 긍정적인 사람이 되어야 한다. 긍정적인 사람은 활력이 넘치고 자신감이 있으며 도전하기를 즐긴다. 긍정적인 사람은 눈동자가 살아 있고, 얼굴에는 미소를 짓고 행동에는 자신감이 묻어난다. 그 기운은 주변 사람들에게 전파된다.

: : 감사하는 마음

코로나19로 어려운 시기이지만 우리는 과거보다 훨씬 많은 물질적인 풍요를 얻고 많은 것을 가지고 누리지만 늘 타인과 비교하고 정서적으로 불안해하는 경향이 있다. 경제적인 부는 바닷물과 같아서 마시면 마실수록 더 많은 갈증을 느끼게 한다. 정서적인 부를 축적하자. 정서적인 부의 근원은 감사이다.

감사하는 마음은 자신이 가진 것에 감사하고 타인에게 고마워하는 마음이다. 내가 가진 것을 깨닫고 감사할 때 행복이 커진다. 감사하는 마음이 새로운 희망을 만들고 아름다운 미래를 열어준다. 감사는 우울증과 불안을 예방하고 사회적 연대감을 증가시키고 보람된 직장생활로 이끌어준다. 감사할 마음을 가지려면 감사할 거리를 찾아야 한다. 삶의 만족도는 얼마나 감사한 마음을 가졌는가에 달려 있다.

: : 향기로운 사람

코로나19에 감염된 한 사람이 주변에 전염시키는 것을 많이 보고 있다. 마찬가지로 향기 있는 사람이 되어 좋은 기운을 퍼뜨리자. 보이지 않지만 공기 속에 어떤 곳은 우울한 공기가 감싸고 있고, 어떤 곳은 유쾌한 기운이 넘친다. 사랑이 넘쳐나고 행복한 직장을 위해 좋은 바이러스가 되도록 노력하자.

썩은 음식은 함께 있는 음식을 썩게 하고 향기 나는 과일은 주변을 향기롭게 만든다. 주변에 어떤 사람이 있는가에 따라서 내 삶이 달라진다. 향기로운 곳에는 사람과 사랑이 머문다. 씨앗은 흙을 만나야 싹을 틔우고 물고기는 물을 만나야 숨을 쉬고, 사람은 아름다운 사람을 만날 때 행복을 느낀다. 아름다움이란 존중과 배려와 사랑으로 서로의 존재감을 인정하는 것이다.

상대방이 자신을 알아주길 바라는 이기적인 마음 때문에 외롭다. 남이 알아주길 바라기 전에 상대를 먼저 인정하고 도움을 주고 베풀어 주면 행복한 직장생활이 열린다.

09

나의 은행원
30년 생활을
되돌아보며

얼마 전 30년째 되는 출근길에
아내, 아이들과 함께 나의 30년 출근길을 기념하여 엘리베이터 앞에
서 사진을 찍었다. 가족들은 사진에 '수고하셨습니다.' '사랑해요.' '존
경해요. 아버지.' '자랑스럽습니다.' 등의 글귀를 새겨 보내주었다. '세
월이 화살 같다'는 말처럼 시간은 엄청 빨리 지나가는 듯하다.

스물일곱 청년이 혈혈단신 서울로 올라와 시작한 첫발걸음이 오
늘에 이르렀다. 초임 발령지가 구로동지점(현 KB구로동종합금융센터)
이다. 어수룩한 청년이 낯선 환경에 처음 발을 내딛고 출근을 시작하
여 30년을 다녔다. 그동안 은행 생활과 고객과의 만남에서 많은 것을
배우고 성장했으며 울고 웃는 일도 많았다.

: : 자동화 코너, 첫 담당 업무를 맡다

입행하자마자 처음 맡은 일은 CD와 ATM이 있는 자동화 코너를 담당하는 것이었다. 기기를 다루면서 새로 구입한 양복 몇 벌을 찢어먹기도 했다. 기기에 돈을 보충하거나 정산하기 위해 출납실로 돈을 가지고 오다가 열려 있는 기기 문짝에 바지가 걸리기 일쑤였다. 현금입출금기의 문짝은 철판으로 되어 있었는데 매끄럽게 가공이 되어 있지 않았다. 그러다 보니 바쁘게 서두르다 보면 바지가 모서리에 걸려서 찢어졌다. 그렇게 처음 시작한 은행원으로서의 생활을 30년 이어 왔다. 은행 기본 업무를 익힌 이후 외국환 업무를 배우고 기업금융 업무를 배우면서 은행원의 길을 걸어왔다.

: : 외환을 담당하다

행원 때는 외환 담당 직원으로 수출입하는 업체의 직원들과 창구에서 밤늦도록 수출환어음 매입(네고), 신용장 업무, 수입 업무를 하느라 서류와 씨름하였다. 신용장을 개설하고 전문을 해외에 보내고 선적 서류가 도착하면 거래처에 연락하여 결제했다. 그리고 수출 서류를 해외 바이어에게 보내고 해외에서 결제받는 것이 나의 일상이었다. 8년 정도 수출입 업무를 하면서 해외 바이어와 국내 에이전시의 분쟁과 해결 과정을 많이 지켜보았다. 나의 머릿속에는 아직도 신용장 개설 시 그때 입력하던 전문 입력 내용이 그려진다.

: : 책임자로 승격하다

책임자로 승격하면서 30대 중반부터 RM(기업금융 릴레이션 매니저)을 하면서 기업체 신규 유치를 위해 수도권 구석구석을 누볐다. 신규 업체 발굴, 기존 업체 업셀링(유지관리, 가치증대), 부실기업 관리 등을 위해 수많은 기업체를 다녔다. RM으로 일하며 거래 기업체와 동고 동락하였다. 업체를 신규 유치하면 하늘을 날 것 같은 기분이었고 담당 업체가 이상 징후를 보이면 밤잠을 설쳤다. 내가 맡은 기업이 잘되는 것이 나의 소망이었다. 나의 담당 업체가 잘못되기라도 하면 죄인이 되는 기분이었다.

: : 부지점장 직급으로 올라가다

부지점장 직급 때는 본부에서 CMS 마케팅 팀장, 기관 마케팅 팀장을 오랫동안 했다. 전국 각지에서 올라오는 마케팅과 섭외 요청에 전국을 누볐다. 우리나라에 있는 중견기업, 대기업, 대학, 병원, 군부대는 거의 다 가보았다. 제안서를 만들어 제안하고, PT를 하고, 협상을 하고, 계약을 하는 그 과정은 항상 긴장되었다. 입찰인 경우는 결과 발표를 기다리는 순간 동안 항상 피 말리는 긴장감을 준다. 계약이 성사되고 새로운 기관, 기업을 유치했을 때는 날아갈 듯하지만 정말 열심히 했는데 결과가 다르게 나올 때는 좌절하기도 했다. 많은 기관과 기업을 다니면서 미팅을 하고 제안을 하고 협상을 하였다. 정말 값진 경험을 하였고 그 결과 나는 사람에 대한 두려움이 없어졌다. 누구를 만나든지 편하게 이야기할 수 있는 내공이 그때부터 생긴 것 같다.

: : 초임 지점장의 열정과 눈물, 아내의 내조

지금은 옛날이야기가 되었지만 해마다 1월 초면 생각나는 추억이 있다. 초임 지점장으로 대구 침산동지점으로 발령받았다. 지점장이라는 타이틀은 자랑스럽기도 하지만 조직의 리더로 책임감 또한 막중한 자리이다. 영업도 책임져야 하지만 직원들의 사기도 올려야 하고, 사고 예방도 해야 하는 자리이다.

잘해 보겠다는 열정 하나로 아침저녁으로 발품을 팔며 기업체를 다녔다. 머릿속에는 신규 업체를 발굴해야겠다는 열정으로 가득하였다. 오고 가는 길에서 보이는 것은 오직 기업체 상호였다. 지나다가 기업체 간판만 보여도 메모하고 사무실에 돌아와 업체를 스크린하고 찾아갔다. 산토끼 잡느라고 집토끼 놓치는 경우도 있었다. 시행착오였다. 지점에서 가장 거래가 큰 업체가 이탈되어 피눈물을 흘리기도 했다. 며칠 동안 잠이 오지 않았고 가슴이 두근거리기도 했다.

당시 대구경북 지역 전 직원 600여 명이 강당에 모여 단합행사를 하였는데, 아내는 나를 위해서 무대에 서기로 했다. 넘어지고 자빠질 때 아내가 나에게 용기를 주기 위해 부른 노래가 〈유 레이즈 미 업 (You raise me up)〉이다. 아마도 그 노래의 사연을 아는 사람은 많지 않

을 것이다. 아내가 내게 힘을 주고자 부른 노래라는 것을…. 나도 그
날 무대에 불리어 나갔던 기억이 새록새록하다. 세상사가 지나고 나
면 모든 것이 추억인데 그때는 힘이 들었나 보다. 지금 생각하면 아
름다운 추억의 한 페이지이다. 열정으로 뛰어다닌 덕분에 그해는 마
감을 잘했지만 그때를 생각하면 나는 항상 가슴이 찡하다.

직원들과 동고동락하려는 나의 마음은 아내에게 전달되었다. 아
내는 서울에서 커피, 과일 등 음식을 만들어 대구까지 가지고 내려
와 직원들에게 나누어 주기도 하였다. 항상 아내에게 감사하게 생각
한다. 연수원에 있는 지금도 아내는 연수원 전 직원 점심식사를 위해
매주 한 번씩은 도시락을 싼다. 늘 아내에게 감사하게 생각한다.

: : 고척동 지점장으로 발령받다

꿈도 많고 열정도 넘치던 초임 지점장 2년 소임 후 집 인근 고척
동 지점장으로 발령이 났다. 함께했던 침산동지점 직원들과 마지막
기념사진을 찍고 눈물이 펑 터져 버렸다. 목소리가 떨리고 눈가가 촉
촉해져 마지막 멘트를 이어 갈 수가 없었다. '감사하고 고마웠다. 건
강하시라'는 말을 하고 싶었지만 말을 이어 갈 수가 없었고 "어제까
지 기분이 좋았는데, 갑자기 눈물이 나네요." 이런 인사로 마무리를
하였다.

여직원들 눈가에도 촉촉한 이슬이 보였다. 그 눈물 훔치던 장면
을 담은 사진을 보면 아직도 가슴이 찡하다. 사랑하는 직원들을 다시

못 볼 것 같은 마음과 내 모든 정열을 바쳤던 2년의 시간이 주마등처럼 스쳐 갔다. 직원들에게 눈물을 보이기 싫어서 마지막 악수를 하는 동안 나는 직원들의 얼굴을 볼 수 없었다. 얼굴을 돌리고 한 명 한 명 손만 부여잡고 지점을 나서 서울로 향했다. 대구에서 서울로 올라오는 열차 칸에서도 내 눈물샘은 멈추지 않았다. 지금은 아름다운 추억이고 그 시절이 항상 그립다.

:: 센터장과 지역본부장으로 일하다

2017년과 2018년은 충남 당진에서 당진종합금융센터장 겸 지역본부장으로 근무하였다. 연고가 없는 낯선 지역에서 정말 열심히 뛰어다녔다. 충남 서해안은 영업 환경이 좋은 곳이 아니다. 현대제철이 있어 철강 관련 업체들이 많고 철강 경기에 따라 영향을 받는다. 경기의 부침에 영향을 많이 받아 점포 성과가 항상 좋지 못한 지역이었다. 시골 지역인데다가 '나 홀로 점포'라서 직원들이 근무하기를 기피하는 곳이기도 했다. 남자직원들은 대부분 대전이나 세종지역에서 살며 주말부부를 하고 있었다. 여건이 녹록치 않았지만 하면 된다는 의지, 긍정의 힘, 열정으로 뛰어다녔고 전국 최하위였던 지역 본부는 2년 연속 상위에 랭크되는 성과를 거두었다.

당진 지역의 기업체 명단을 입수하여 KB와 거래가 없는 업체를 정리하고 타깃을 선정하였다. 기업체를 돌아다니면서 눈에 보이는 업체는 모조리 스크린을 하여 찾아가고 거래를 제안하였다. 방문이 성사되지 않으면 휴대전화로 제안하였다. 지역 CEO 모임에도 참여했다. 당진 지역 오피니언 리더들과 교류하면서 인맥을 넓혀 갔다. 2년 동안 발로 뛴 덕분에 지금은 충남 당진, 서산, 홍성, 예산, 태안, 보령 지역은 고향같이 푸근하고 언제나 정이 가는 지역이다. 그래서 대화 중 서해안 이야기가 나오면 내 목소리는 항상 커진다.

아무런 연고도 없는 지역이었지만 기업 영업에는 전혀 문제가 되지 않았다. 영업은 고객과 관계를 맺고 고객에게 이익을 주고, 좋은 상품을 판매하면 되었기 때문이다. 아는 사람, 친구, 친척, 친분 있는 업체를 소개받아 가는 것보다 좋은 기업을 직접 찾아다니면서 이루어낸 영업은 부실도 없었다. 좋은 기업을 선별해 찾아다니고 진정성 있게 고객을 대하며 열심히 뛰기만 하면 되는 것이었다.

:: 대구지역 대표로 승진하다

찾아가는 영업을 했기 때문에 지점장, 지역 본부장 시절 신규 유치 업체 중 부실 여신은 거의 없었다. 부실 여신 평가에서 나는 항상 최고의 점수를 얻었다. 내가 열심히 뛴 것은 회사에 대한 나의 자부심이고 책임이기 때문이다. 항상 자랑스러운 KB의 직원이라는 생각으로 고객을 대했다. 고객에게 이익이 되도록 영업을 해왔다. 고객에게 무리한 요구를 하지 않았고 나의 성과를 위해 고객을 이용하지 않았다.

최고의 성적은 아니지만 중상위권의 영업성과를 거두었다. 사실

나는 승진이나 승격에는 큰 관심을 두지 않았던 것 같다. 지역 본부장 승진 시에도 그랬고, 경영진으로 선발 시에도 전혀 예상을 하지 못하여 나는 당황스러웠다. 승진에 대한 기대보다는 직원들과 잘 지내며 KB 직원으로 최선을 다하고 즐거운 직장, 보람 있는 직장생활을 만드는 것이 나의 소박한 꿈이었기 때문이다.

그래서 대구지역 대표로 승진했다는 당시 부행장님의 전화를 받고 나는 믿지 않았다. 승진할 것이라고는 전혀 예상을 하지 않았고 당시 부행장님이 농담을 자주 하시고 유머가 있던 분이라 더욱 믿어지지가 않았다. 반신반의하고 공고가 뜨기 전까지 누구에게도 이야기하지 않았다. 내 자신에 대해 좀 엄격한 잣대로 자신을 평가하기 때문일 것이다. 내가 전혀 승진을 기대하지 않았다고 하면 다들 놀라기도 한다. 지역본부장 승진 때도 승진은 머릿속에 없었고 대구에서 2년 지방 생활을 했으니 가족과 함께 지내고 싶어 서울 근무를 희망했을 뿐이었다.

: : 고객에게 최선을 다하면 좋은 결과가 온다

은행생활을 되돌아보면 감사한 일이 정말 많다. 나같이 부족한 사람을 발탁하여 여기까지 오게 만들어 준 은행장님께 감사하고 나와 함께한 선배님과 후배님, 동료들에게 감사한다. 시골촌놈이 서울로 올라와서 행복한 가정을 이루고 직장생활 30년을 하게 해준 KB에 감사한다. 내가 믿는 것은 고객에게 최선을 다하면 반드시 좋은 결과가 온다는 사실이다. 열정과 긍정적인 마음, 선의지는 나를 이끄는 버팀목이다.

나는 선의지라는 말을 좋아한다. 선을 행하고자 하는 순수한 동기에서 나온 의지를 뜻하는 말로 독일의 철학자 칸트가 처음으로 사용한 개념이다. 인간은 칭찬을 받으려고 선한 일을 하는 것이 아니라 선과 도덕을 가지고 있으므로 선한 일을 한다는 것이다. 선한 의지는 도덕적으로 옳은 일을 하게 한다는 마음가짐이다. 선한 의지는 도덕성만이 아니라 실천적이고 능동적인 의지까지 포함된다. 나는 고객을 만날 때 항상 선한 의지로 대한다. 내가 선량한 모습으로 고객을 대하면 고객도 나의 진정성을 알게 된다. 나는 선한 의지를 가지고 있는 사람을 좋아하고 긍정적인 사람을 좋아한다. 나 자신도 선한 의지와 긍정적으로 살아가려고 노력한다.

지난 시간은 앞만 보고 달려온 시간들이다. 지나온 시간들이 예측 불가능하고 변화무쌍했음을 느낀다. 되돌아보면 좋다고 좋아할 일도 아니고 싫다고 싫어할 일도 없다. 인생에는 정답이 없다고 한다. 감사하며 사는 것이 행복으로 이끈다는 것을 느끼며 다른 사람에게 도움이 되고 함께 더불어 사는 인생이 최고일 것이다. 오늘 이 시간도 감사한다. 조직에 감사하고 나의 가족과 동료, 친구 및 고객에게 감사를 드린다.

10

함께했던
은행 선후배들
이야기

그동안 많은 선후배들이 여러 사정으로 은행을 떠났다. 자의든 타의든 안정된 곳에 있다가 새로운 도전을 하는 동료들을 볼 때, 한편으로는 부러웠고 한편으로는 걱정스럽기도 했다. 사회의 거친 풍파 속 바다로 항해하는 그들의 모습을 지켜보게 된다.

퇴직 후 성공하신 분들도 많지만 어려워진 경우도 종종 본다. 며칠 전 함께 근무하다가 퇴직한 후배로부터 전화 한 통을 받았다. 퇴직 후 건물을 신축하였는데 완공되었으니 사무실에 한번 오라고 하였다. 나는 그곳에서 깜짝 놀랐다. 건물의 위치며 건물의 위용이 나를 압도하였다. 생각했던 것 이상으로 큰 건물이 지어져 있었고 위치도 지하철과 터미널을 끼고 있었다. 50대인 후배는 올해 초 명예퇴직을 했다. 지점장 승격을 앞두고 열심히 일하던 친구였다. 작년 초 인사발령에서 지점장 승진이 되지 않자 휴직을 했다. 그리고 올해 초 미련 없이 은행을 그만두었다. 이 후배는 2000년대 초반, 김포에 사 두었던 땅값이 100배 이상 올랐다고 한다. 김포 지역의 부동산 가격 상승에 깜짝 놀랐다.

김포신도시 개발과 함께 후배의 부동산 가격이 엄청 상승했던 것이다. 당시 사용 가치가 없던 전답이었고 평당 2만 원대에 샀던 땅이 지금은 평당 몇 백만 원으로 올랐다고 한다. 수중에 돈이 없어도 대지를 담보로 제공하여 대출을 받아 10층 빌딩을 지었고 지금은 월세가 1억 가까이 나온다고 한다. 그 이야기를 듣고 '인생대박'이라는 말이 떠올랐다. 나와 함께 서해안에서 소주잔을 기울이던 것이 불과 몇 년 전이었고 예의 바르고 열심히 일하는 '팀장'이었는데 이제는 주변 사람들이 '회장님'이라고 부른다.

후배는 고등학교 졸업 후 입행하여 30년 가까이 은행을 다녀 KB에 대한 애착이 남달랐다. 지점장 승격이 뜻대로 되지 않자 1년 휴직 기간에 건물을 완공하였다. 후배는 조직에 감사함을 느낀다고 하면서도 돈이 문제가 아니라 자신의 명예와 존재의 의미를 생각하고 있었다. 지점장을 못하고 퇴직한 것을 못내 아쉬워하였다. 그에게는 인생에서 돈이 전부가 아니었던 셈이다. 사람은 저마다의 꿈이 있고 희망이 있다.

: : 먼저 하늘나라에 간 후배에게

먼저 하늘나라로 간 아끼던 후배들도 있다. 몇 년이 지났지만 지금도 전화가 올 것 같아, 그들의 전화번호를 그대로 간직하고 있다. 휴대전화번호를 지우면 잊어버릴 것 같아 더욱 지우지 못하고 있다. 내 기억은 여전히 그들과 함께 하고 있다.

먼저 떠난 봉준(가명)이는 잘생긴 얼굴에 시원시원한 목소리로 나에게는 청량제와 같은 후배였다. "형님, 소주 한 잔 사주셔요"라는 밝은 목소리가 들리는 듯하다. 은행 후배지만 대학원에서 만나서 바로 형 동생 하는 사이가 되었다. 대학원 시절 나는 20대 부학생회장을 맡았고 봉준이는 21대 부학생회장을 맡았다. 40대 중후반 나이에 직장도 같고 학생회 간부를 하니 금방 친해졌다. 우리는 친구같이 지냈다. 지점장 승진을 바라며 열심히 일을 했고 능력 있는 친구였다. 내가 충청 지역으로 발령받아 자주 얼굴은 보지 못했지만 자주 통화를 하던 친구였다.

봉준이는 갑자기 하늘나라로 갔다. 소식을 들었을 때 청천벽력 같았다. 가슴 아프고 항상 보고 싶다. 그렇게 자주 연락하였지만 본인이 고통스러울 때는 연락이 없었다. 내가 진작 아픔을 들어주고 보듬어주지 못한 것이 못내 아쉽다.

충현(가명)이는 붙임성이 좋고 정말 열심히 하는 친구였다. 업무도 열정적으로 하고 붙임성 있었으며 후배 사랑도 남달랐다. 당진으로 파견을 와서 직원들과 엄청 친해졌고 신입 행원 등 후배 직원들에게 애정을 가지고 업무를 가르쳐 주었다. SM(세일즈 매니저)으로 당진에 올 때마다 숙소에서 함께 자고 밤새 소주잔을 기울였던 친구다. 그의 전화는 항상 기분이 좋은 밝은 목소리였다.

충현이는 과거에 태안지점에 근무한 경험이 있고 처가가 당진이어서 그도 서해안을 고향같이 생각했다. 부모님은 비록 일찍 돌아가셨지만 밝고 적극적이었다. 그리고 무슨 일이든지 긍정적이었다. 전화를 하면 시원시원한 목소리로 나를 기분 좋게 하던 친구다. 이 친구는 몇 년 전 대전에서 회식 후 갑자기 심장쇼크로 하늘나라로 갔다. 가족력이 있었던 모양이다. 아끼고 사랑하던 후배들이라 항상 보고 싶은 마음이다. 하늘나라에서 고통 없이 영원한 행복과 안식을 누리길 바란다.

: : 용기를 잃지 말기를 당부한다

젊은 나이에 이런저런 사유로 현직에서 물러나 고군분투하고 있는 후배들도 있다. 능력을 인정받아 승승장구하여 남들보다 빨리 지점장으로 승진하였지만 세상의 풍파에 힘겨워 하는 후배도 있다. 용기를 잃지 말라고 이야기하지만 그 후배들에게는 위로가 되지 않으리라는 것을 안다.

직장생활도 그렇지만 사회생활, 세상살이 또한 뜻대로 되지 않는다. '인생지사 새옹지마'라고 하지만 현실은 냉혹한 것이다. 부디 용기를 잃지 말고 뜻한 바가 이루어지길 바란다.

살다 보면 별의별 일이 다 생기는 것이 인생이다. 잘해 보려고 최선을 다하지만 결과가 반대로 나오기도 한다. 오르막이 있으면 내리막이 있고 내리막이 있으면 오르막이 있는 법이다. 길게 보면 이 순간은 한순간의 점일 수 있는 것이 인생이다. 폭풍우가 쳐도 내일이면 파도가 잔잔해지는 것처럼 말이다. 햇볕이 항상 내리쬐는 곳은 사막이 된다. 비가 오고 눈이 오기도 해야 한다. 이 순간의 고통은 좋은 날을 위한 희망의 날이 되기를 바란다.

퇴직하신 선배 한 분은 정년까지 근무하고 퇴직하여 이웃과 더불어 즐거운 노후를 보내고 있다. 늘 겸손하고 솔선수범하던 분이라 퇴직 후에도 부지런히 활동하며 주위에 존경을 받고 사시는 분이다. 나에게 매일 좋은 글과 마음의 양식이 되는 자료를 보내주시는데 늘 행복해 보이고 한편으로는 부러운 선배이다. 나는 늘 겸손하고 배려하는 마음에 존경을 표하고 감사하고 있다.

중요한 것은 마음가짐일 것이다. 냉혹한 현실에 부딪힐 때 한걸음 물러나서 자신을 바라보자. 조금 더 여유를 가지고 조금 더 길게 보고 크게 보며 멀리 보는 시야를 가질 수 있길 바란다.

4장

사람과 성공
모두를 얻는
리더십

마음을 움직여
목표에 이르게 하는
사람, 리더

직장생활 30년 동안 많은 동료, 선후배를 만났다. 선후배 리더들의 모습을 보면서 리더십을 자연스럽게 익혔고 책을 읽고 교육을 받으며 정립된 것이 현재 나의 모습이다. 사람은 각자의 타고난 성격이 다르기에 리더십에 정답은 없다고 생각한다. 좋은 리더십을 가진 사람은 후배가 많이 따른다. 내가 아는 선배 한 분은 따뜻한 마음과 포용하는 리더십을 보여 후배들이 많이 따르고 존경한다. 어려움이 있어 찾아가면 항상 잘 들어주고 상대의 입장에서 생각해 준다. 그리고 마음을 편안하게 해준다. 책을 많이 읽고 지혜가 있어 나도 어려울 때 그 선배를 찾아간다.

사람을 따르게 하려면 마음을 열어야 한다. 리더십은 결국 마음을 얻는 것이다. 조직은 목표가 있고 그 목표를 향해 달려간다. 서로의

자아를 실현하고 존중하는 마음으로 상대를 대하면 성과도 좋아진
다. 리더십은 사람들의 마음을 움직여 조직의 목표를 달성해 가는 과
정이라고 생각한다. 목표를 달성해 가는 과정에 리더십이 발휘되어
야 한다.

여기서는 리더가 갖추어야 할 자질을 정리한다.

:: 리더는 성과가 있어야 한다

은행이든 기업이든, 조직은 목표가 있다. 리더는 주어진 목표를
달성하기 위해 조직원들에게 동기부여하면서 노력하여 성과를 이끌
어야 한다. 리더는 조직구성원과 목표를 공유하고 달성하기 위해 조
직원들의 함의를 이끌어내어야 한다.

아무리 학벌이 우수하고 경력이 화려해도 성과를 만들지 못하면
무용지물이다. 반면 학력이나 경력이 일천해도 성과를 창출하면 성
공할 수 있다. 은행원의 경우 '고졸 신화'로 은행장에 오른 분들도 많
다. 임원 중에서도 상업학교 출신이 꽤 많은 편이다. 꾸준한 자기계
발과 성과 창출로 핸디캡을 극복하고 성공한 분들이 많다. 이들의 공
통점은 꾸준하게 노력하였고 남다른 열정으로 성과에 탁월한 기여를
한 분들이다.

: : 리더는 직무전문성이 있어야 한다

상사의 업무 능력과 직무 이해도가 떨어지면 후배들이 잘 따르지 않게 될 것은 자명하다. 지점장으로 퇴직을 하고 제조업체에 일하는 선배가 있었다. 이 선배는 은행은 시스템으로 모든 것이 이루어지는데, 중소기업은 업무 매뉴얼이 없고 이것저것 여러 가지 일을 해야하며 업무 분야가 달라서 힘이 든다고 했다. 하던 일이 아니고 업무가 익숙하지 않으니 직원들과 커뮤니케이션 문제가 자주 발생했다. 선배는 오래지 않아 그 회사를 그만두었다. 반대의 경우도 있다. 모은행에서 부동산 금융을 하던 분은 부동산 금융회사로 가서 승승장구하고 있다. 지점장 출신으로 중견 기업의 자금관리 이사로 취직해 알차게 보내는 선배도 있다. 그분은 외환 업무 부장 출신으로 직무전문성을 인정받아 수출 회사의 자금관리를 맡고 있다.

직무전문성은 자기가 담당한 일에 대해 깊은 이해가 있어야 한다. 또한 다양한 분야를 이해하고 다른 분야와 상호 협력할 수 있도록 하는 균형 감각도 필요하다. 과거에는 한 분야의 전문가가 인정을 받았지만 최근에는 멀티형 전문가가 인정을 받는다.

: : 리더는 인간관계 역량을 확보해야 한다

리더는 사람과 사람 사이의 관계를 조명하고 좋은 관계로 조직을 유기적으로 이끌어야 한다. 성과를 지속적으로 창출하는 것은 전문성이 좌우하지만 최후의 성패는 인간과 조직에 대한 이해가 좌우한다. 사람 사는 세상에서 상호 이해를 조정하고 관계를 강화하는 것이다. 리더의 역할은 사람을 움직여 목표를 위해 달리게 하는 것이라 할 수 있다. 그래서 리더는 다른 생각과 특성을 가진 사람들이 한 방향으로 바라보게 만들어야 한다.

사람은 타인의 요구대로 쉽게 움직이지 않는다. 사람은 대체로 마음이 움직여야 몸이 움직인다. 사람의 마음을 움직이기 위해서는 상호 신뢰가 바탕이 되어야 하고 리더의 남다른 통찰이 필요하다. 최근 많은 기업들이 인문학에 대한 관심을 갖는 이유는 인문학을 통해 구성원들을 감동시키고 업무에 적용시킬 수 있어야 하기 때문이다. 인문은 결국 나 자신 그리고 내가 속한 인간관계, 내가 속한 세상을 깊이 들여다보는 것이다. 나를 되돌아보고 사람과 사람에 관심을 두고 사람의 삶에 고민하는 것은 당연한 일이다.

: : 리더는 진정성이 있어야 한다

뛰어난 능력자라도 갑질, 음주운전, 마약, 횡령, 불륜 등의 문제가 있으면 여지없이 무너진다. 기업도 마찬가지다. 도덕성에 문제가 있다는 사실이 드러나면 주가가 떨어지고 불매운동이 일어나고 사회적인 지탄을 받게 된다. 반면에 윤리경영, 정도경영을 하는 기업은 소비자의 신뢰를 받으며 탄탄대로를 걷는다.

리더는 솔선수범하고 모범을 보이는 진정성이 있어야 한다. 진정성 있는 리더가 되기 위해서는 무엇보다도 정직해야 한다. 동서양을 막론하고 리더의 진정성은 리더십 역량 가운데 가장 중요한 덕목으로 꼽힌다. 조직구성원들은 리더가 정직한지, 도덕적이고 윤리적인지를 평가한다. 리더가 팀원을 판단하는 데는 오랜 시간이 걸릴 수도 있지만, 팀원이 리더의 정직성을 판단하는 데는 3일만 같이 일하면 알 수 있다고 한다. 조직원들은 자신의 리더가 믿음직한지 도덕적인지 원칙을 지키는지에 대해 확인하고 싶어 한다. 이에 대한 확신이 들어야만 팀원들이 조직에 몰입할 수 있다.

:: 리더는 신뢰가 있어야 한다

직장생활과 사회생활을 하면서 우리는 수많은 관계를 맺고 산다. 친구 관계에서도 마찬가지지만 신뢰가 중요하다. 한번 깨진 신뢰는 회복하기 어려운 경우가 많다. 신뢰가 가는 친구는 무슨 말을 하더라도 잘 믿게 되지만, 신뢰가 깨어진 경우는 의심을 하게 된다.

부부관계에서도 신뢰가 중요하다고 생각한다. 나는 집안일을 잘하지 않는 소위 나쁜 남자이다. 그러나 내가 선의지를 가지고 긍정적으로 살아가고 남에게 해롭게 하지 않는 정직한 남편으로 아내는 이해하고 있다. 우리 부부는 신뢰 관계가 형성되어 내가 회사에서나 사회에서 잘못되는 일이 있어도 늘 나를 믿고 이해해 준다. 감사한 일이다. 아내와 아이들이 '우리 집 가장은 그럴 사람이 아니다'고 믿고 있기 때문일 것이다.

직장에서도 신뢰가 서로의 관계를 이어주는 사다리 역할을 한다. 리더는 약속을 지키고 공과 사 구분이 명확하고 금전적으로도 정직해야 한다. 팀원들이 리더의 일관되고 반복된 생각과 행동을 보면서 예측할 수 있도록 해야 한다. 리더의 일관된 행동은 팀원들과 묵시적으로 심리적 계약을 맺는다. 즉 팀원들에게 어떤 상황에서도 리더가 나를 도울 것이라는 심리적 안도감을 갖게 한다. 리더가 어려운 상황에서도 팀원에게 보여 주는 인간적인 의리와 정은 신뢰를 만든다. 결코 배신할 수 없는 의리를 만드는 것이다.

: : 리더는 리드(Read)해야 한다

나는 원래 독서를 많이 하지 않았다. 그러다가 지점장 발령 이후부터 좋은 리더가 되려고 리더십 책부터 읽기 시작하였고 점점 독서의 지평을 넓혔다. 지금은 고전, 인문학 책 등을 많이 읽는다. 독서는 나의 내면을 성장시켜 주었고 책 쓰기 도전도 할 수 있게 하였다.

미국 트루먼 대통령은 이렇게 말했다. "모든 리더(Reader)가 리더 (Leader)는 아니지만, 모든 리더(Leader)는 리더(Reader)이다." 리더는 독서를 통해 끊임없이 학습하여야 한다는 것을 강조하는 말이다. 지속적인 학습을 통해 새로운 콘텐츠를 만들어 내야 하는 시대다. 그리고 그런 시대가 요구하는 인재가 되려면 독서와 학습을 해야 한다.

리더는 학습을 통해 미래를 읽을 줄 알고 경영을 이해하고 변화하는 세상을 읽고 구성원의 마음과 특성을 읽을 수 있어야 한다.

: : 리더는 솔선수범해야 한다

하루 종일 사무실에서 직원관리를 하고 성과를 점검하는 지점장을 보았다. 사실 지점장은 영업 일선에서 고객을 만나고 직원들의 애로를 풀어주고 열심히 일할 수 있도록 지원하는 역할을 하여야 한다. 하루 종일 사무실에서 직원들을 독려하는 지점장이나 응접실에서 책을 보거나 한가로이 신문을 보다 찾아오는 손님과 차를 마시는 일로 하루를 보내는 지점장은 대체로 성과가 좋지 않았다. 반면에 열심히 고객을 만나러 다니고 밤낮으로 뛰어다닌 지점장은 좋은 성과 창출로 본인이 원하는 방향으로 나아갔다.

조직원들은 리더가 어떻게 움직이는지, 무대에서 공연을 하는 가수를 쳐다보듯이 항상 지켜보고 있다. 리더가 솔선수범해서 움직이지 않고 열심히 하라고만 말한다면 직원들이 움직일 리가 없다. 리더가 솔선수범하면 조직원들은 알아서 열심히 달린다.

: : 리더는 동기부여를 할 줄 알아야 한다

사람은 마음이 움직여야 몸이 따라 움직인다. 리더십은 사람의 마음을 움직이는 기술이다. 리더는 아래 사람을 움직여 목표에 도달하게 만드는 사람이다. 동기를 부여하는 방법에는 외적 동기부여와 내적 동기부여가 있다. 외적 동기부여는 연봉 상승이나 승진 등이 있다. 내적 동기부여는 칭찬과 인정 등의 격려다.

연봉 상승 등의 외적 동기부여는 처음에는 기분이 좋지만 오래가지 않는다. 연봉이 올랐을 때 잠깐 기분 좋은 것으로 끝난다. 외적인 보상보다 내적인 동기부여가 훨씬 중요하다. 인간은 누구나 칭찬과 인정을 갈망한다. '미인대칭'이라는 말이 있다. 미소를 짓고, 인사를 하고, 대화를 하고, 칭찬을 하라.

:: 리더는 좋은 질문을 던지는 사람이다

지시하지 않고 조직원이 스스로 할 수 있도록 유도하는 방법이 질문이다. 질문을 통한 유도법은 매우 어려워 나도 질문해야지 생각하지만 잘 되지 않는다. 질문은 수동적으로 일하게 하기보다는 직원 스스로 일을 찾고 창의적으로 하게 만든다.

회의시간에 리더가 팀원을 성장시키기 위해 해야 할 중요한 일은 질문을 준비하는 것이다. 회사는 리더의 비전만큼 성장하고 팀원은 리더가 던지는 질문의 크기만큼 성장한다고 한다. 질문하는 문화를 만들기 위해서 리더는 팀원들에게 좋은 질문을 자주 던져야 한다. 지속적으로 질문하는 분위기를 만들어야 한다. 팀원들에게 질문하는 기회를 만들고 직원들이 능숙하게 질문할 수 있도록 분위기를 조성하고 훈련해야 한다.

질문을 통해 스스로 문제점을 발견하고 해결책을 생각하도록 지도해야 한다. '내가 무엇을 도와주면 좋을까?', '어려움은 없는가?' 등으로 질문하도록 한다. 팀원에게 질문을 던지고 팀원의 의견을 경청하고 팀원을 칭찬하고 격려하면 조직의 성과는 극대화될 수 있다.

　나의 경험으로는 회의 전에 미리 질문을 준비하고 오늘은 질문으로 회의를 진행해야지 하더라도, 지나고 나면 제대로 안 된 경우가 많다. 리더와 조직원이 질문하는 분위기에 익숙해져야 하고 훈련이 필요하다.

: : 리더는 코칭을 해야 한다

　직원이 자발적으로 일하게 하려면 리더는 코칭을 해야 한다. 지시는 리더가 답을 제시하지만 코칭은 팀원이 답을 생각할 기회를 제공한다. 코칭의 다음 단계는 지원이다. 즉 팀원에게 어떤 도움을 줄 것인지를 찾는 일이다. 코칭은 커뮤니케이션 방식을 리더 중심에서 팀원 중심으로 바뀌게 한다. 코칭 스킬의 핵심은 대화 기술을 바꾸는 것이다.

　팀원에게 질문을 던지고, 팀원의 의견을 경청하고, 팀원을 칭찬하고 격려하면, 조직의 성과는 극대화될 것이다. 코칭은 부하에게 답을 주는 티칭이 아니라 스스로 답을 찾고 경청하고 질문하고 격려하는 활동이다. 코칭은 결국 임파워먼트로 연결된다. 믿고 맡길 만큼 팀원을 키워 내는 것이다.

:: 리더에게 소통은 경청이다

인간은 선천적으로 말하기를 즐긴다. 반면 남의 말을 듣는 데에는 말하는 만큼 관심을 두지 않는다. 대화의 가장 큰 목적은 타인과의 의사소통이다. 자신의 생각과 주장을 올바르게 전달하기 위해서는 상대방의 의견을 진지하게 들어야 한다. 남의 의견을 무시한 채 자기 주장만 되풀이하는 사람은 결국 우물 안 개구리 신세를 면하지 못한다. 데일 카네기는 이렇게 말했다. "어떤 찬사에도 마음의 문을 열지 않는 사람도 자신의 이야기를 진지하게 들어주는 사람에게 마음을 빼앗기게 된다."

소통의 기본은 경청이다. 경청은 이렇게 하자.

첫째, 눈을 마주치며 듣자

상대방의 눈을 마주치며 들어야 한다. 한 사람이 열심히 이야기를 하고 있는데 딴청을 피우고 있다면 소통이 이루어질 수 없다.

둘째, 주요 내용을 요약한 후 의견을 말하자

상대방의 이야기를 경청한 후 주요 내용을 요약하여 전달한 이후 자신의 의견을 말해야 한다. 상대방이 한 이야기를 간단하게 정리하면 더욱 효과적이다.

셋째, 상대의 감정과 기분도 읽자

말하는 사람의 감정이나 기분을 읽어야 한다. 경청은 가정에서 자녀와 배우자와의 관계, 고객과의 관계에서도 중요하다. 경청이란 상대방의 이야기를 듣고 있다는 것을 보여 주고, 상대방의 기분과 감정을 읽어주며, 자신의 의견을 제시하는 대화법이다. 경청은 상대방의 의견을 잘 듣고 설득하는 방법이다.

: : 리더십과 팔로워십

인생을 살아가는 데 있어서 리더십, 프렌드십, 스포츠맨십 등은 중요하다. 그리고 직장생활에서는 리더십, 팔로워십도 중요하다. 대부분 사람들은 팔로워십을 무조건 상사의 명령에 복종하는 것 정도로 생각한다. 그러나 팔로워는 리더와 함께 일하는 사람으로, 리더와 함께 조직의 비전과 목적을 공유하고, 조직의 성공과 실패에 책임을 지는 사람이다.

리더를 성공적으로 이끄는 팔로워가 있는가 하면, 불평불만으로 리더를 실패의 나락으로 떨어뜨리는 팔로워도 있다. 무조건 '예스'만 하거나, 시키는 업무만 하는 팔로워도 리더를 힘들게 하는 팔로워이다. 팔로워는 리더와 공통의 목표를 향해 나아가는 동반자이다.

잘되는 식당에 가면 음식도 맛있지만 서비스도 좋고 직원도 친절하다. 단골이면 덤을 준다. 팔로워도 마찬가지다. 상사가 주는 일만 하지 말고 파생되는 부가적인 일까지 덤으로 준비하여야 한다. 모범적인 팔로워는 다른 말로 파트너이다. 시키는 것만 따라 하는 일방적인 추종자가 아니라 능동적으로 일을 처리하는 파트너라는 인식을 지녀야 한다. 결국 리더십과 팔로워십은 동전의 양면과 같다.

훌륭한 팔로워가 되기 위해서는 첫째 리더가 하고자 하는 일에 지지를 표시해야 한다. 둘째 적절할 때 상담하고 코칭해야 한다. 셋째 리더에게 다양한 정보를 제공하여야 한다.

책임질 줄 아는 리더는 자기보다 뛰어난 능력을 가진 부하직원을 두려워하지 않는다. 왜냐하면 그는 최종책임을 지는 자로서 직원들의 성공을 자신의 성공으로 생각하기 때문이다. 리더의 밝은 표정도 중요하지만 언행 역시 중요하다. 말이 씨가 되는 경우가 많기 때문이다. '전쟁 중에 총 맞고 죽는 사람보다 말로 충격받고 죽는 사람이 더 많다'라는 우스갯소리가 있다. 리더의 언행은 매우 중요하다.

02

따름과
존경을 받는
리더의 소통법

사람은 누구나 인정받기를 원한다. 리더는 구성원들에게 존경받기를 원한다. 존경받는 리더가 되기 위해서는 좋은 성과를 창출하고 솔선수범하고 사람 마음을 얻어야 한다. 리더가 조직에 긍정적인 분위기를 형성하는 것은 혈액순환을 잘 시키는 것과 같다. 리더가 좋은 기분을 갖고 일할수록 구성원들도 더 낙관적이 되고 활기차게 열정적으로 일하게 되고 좋은 성과를 낼 수 있게 된다. 여기서는 성과 창출은 논외로 하고 사람의 마음을 얻어 존경받는 리더가 갖추어야 할 덕목을 살펴보기로 한다.

: : 칭찬하고 인정하기

사람은 누구나 중요한 사람으로 인정받기를 원한다. 인정 욕구는 인간의 잠재된 가장 큰 욕구 중 하나이다. 중국 최고의 역사가로 칭송되는 사마천은 기원전 91년에 130여 권의 《사기》를 완성하였는데 《사기》에서 "남자는 자기를 알아주는 사람에게 목숨을 바치고, 여자는 자기를 사랑해 주는 사람을 위해서 화장을 한다"고 하였다. 이는 인정받기 위한 인간을 잘 설명해 준다. 인정과 관심을 받고 싶다는 욕망은 인간을 움직이게 하는 힘이다.

인간은 누구나 자기 자신을 중심으로 세상을 바라보며 다른 사람으로부터 존중과 칭찬받기를 원한다. 가정에서 존경받는 부모가 되길 원하고, 사회에서 인정받고 싶은 것이 우리 모두의 로망이다. 나도 직장생활 30년 동안 인정을 받기 위해 달려왔다고 해도 과언이 아닐 것이다. 영업 현장에서 좋은 성과를 창출하고 승승장구하고 싶은 욕망으로 밤낮으로 고객에게 달려갔다. 신규 고객을 유치하고 성과를 내고 성취감을 느끼고 고객이 이탈되고 성과가 나빠질 때에는 우울한 시간을 보내기도 하였다. 그 근저에는 인정받고 싶은 욕망이 앞서 있었고 성과도 잘 내고 좋은 리더가 되고 싶은 욕구가 있었다.

우리는 칭찬에 인색한 면이 있다. 동료를 칭찬하고, 상사를 칭찬하고, 부하직원을 칭찬하자. 칭찬은 여유가 있어야 한다는 말이 있다. 칭찬과 인정을 하면 자기의 그릇이 커진다. 그리고 칭찬하는 사람 주변에는 사람들이 모인다.

: : 칭찬의 황금비율

칭찬에 관한 재미있는 사실이 있다. 거짓말로 하는 칭찬도 효과가 있다는 사실이다. 지금부터 하는 말은 거짓말이라고 미리 이야기하고 상대를 칭찬하였을 때도 상대방의 기분이 좋아졌다는 실험 결과가 있다. 칭찬할 것이 없다면 거짓말 칭찬 실험을 활용하여 칭찬해보자. 거짓말이라고 예고하고 칭찬을 들었을 때 기분 나빠하는 직원은 없다. 칭찬은 고래를 춤추게 한다고 한다. 실제 동물을 조련할 때 가장 좋은 도구는 먹이와 쓰다듬기이다. 사육사는 말 잘 듣는 동물에게 먹이를 주면서 머리를 쓰다듬는다. 칭찬은 더 큰 칭찬을 갈망하게 만든다.

그렇다면 어떻게 칭찬하는 것이 가장 효과적일까? 칭찬에는 황금비율이 있다. 연구에 의하면 칭찬의 황금비율(마법의 비율, Magic Ratio)은 격려와 칭찬 같은 긍정적인 말을 다섯 번 이상 하고 부정적인 말을 한 번 정도 하는 것이 좋다고 한다.

: : 마음을 움직이는 것은 입이 아니라 귀다

칭기즈 칸은 배운 게 없고 자기 이름도 쓸 줄 몰랐다고 한다. 하지만 항상 남의 말에 귀 기울였다. 세계를 정복한 그는 "내 귀가 나를 현명하게 가르쳤다"고 말했다. 탁월한 리더는 말을 아끼고 귀를 기울이며 질문을 했다. 혼자서 이야기하면 문제해결을 위한 정보를 얻을 수 없다. 누군가를 잘 이해하고 더 좋은 관계를 유지하고 싶으면 말을 하는 것보다 두 배 더 들어야 한다.

사람들의 마음의 문을 열려면 먼저 자신의 귀를 열어야 한다.

사람을 움직이는 힘은 입이 아니라 귀에서 나온다. 심리상담사는 말하는 법이 아니라 제대로 듣는 것을 배운다고 한다. 이야기를 잘 들어주는 것만으로도 슬픔이나 분노감이 해소되고 마음이 후련해진다. 존중과 이해를 받는다고 느끼면 그 사람을 좋아하게 된다.

:: 이름을 기억하고 불러주기

회의에서든 시장에서든 어디선가 내 이름이 들리면 귀를 쫑긋하게 된다. 사람은 자신을 중심으로 세상을 바라보고 자기 위주로 생각한다. 이름 불러주기는 상대의 마음을 얻는 방법 중 하나다. 이름을 기억하고 친근하게 불러준다면 효과적으로 호감을 얻을 수 있다. 이름을 불러주는 것은 중요한 사람이라고 느끼게 하기 때문이다. 반면 이름을 잘못 부르거나 잘못 쓴다면 상대의 기분을 상하게 할 수 있다. 공개적인 장소에서 칭찬과 더불어 이름을 불러준다면 그 사람은 동기가 부여되고 감사해할 것이다.

:: 논쟁은 피하고 공감하라

논쟁에서 이기는 것은 상대의 자존심에 상처를 주고 열등감을 느끼게 만들 수 있다. 논쟁에서 지면, 져서 기분이 좋지 않을 것이다. 논쟁에서 이긴다고 해서 이긴 것이 아니다. 상대에게 상처를 준 것이고 이후 관계가 나빠질 수도 있다. 벤저민 프랭클린은 이렇게 말했다. "논쟁하고 지지 않으려 애쓰고, 반박을 하면 때로는 승리를 얻을 수 있다. 하지만 상대방의 호의를 얻지 못한다면 그것은 공허한 승리에 불과하다."

사람은 자신의 이야기에 경청하고 공감해 주기를 원한다. 리더는 부하 직원들의 이야기에 귀를 기울이고 공감해 주어야 한다. 아서 게이츠 박사는《교육심리학》에서 이렇게 말했다. "인간이라는 종은 모두 공감을 갈망한다. 아이는 자신의 상처를 보여 주고 동정을 받기 위해서 몸에 상처를 내는 일도 마다하지 않는다. 같은 이유로 어른도 자신의 상처를 보여 주고 자신이 겪은 사고와 질병, 특히 수술에 대해서 꼬치꼬치 이야기하려 한다. 실제든 가상이든 간에 불행에 대한 '자기 연민'은 어느 정도 누구에게나 보편적으로 있다."

인간은 나약한 존재이다. 자신을 믿어주고, 이야기를 들어주고, 때로는 조언해 주는 누군가가 있을 때 인간은 더욱더 발전할 수 있다. 누구든지 자신을 인정하고 공감해 주는 사람이 있을 때 더 적극적으로 변화한다.

∷ 솔선수범과 자기희생

조직이 처한 환경이 불확실해지고 과거보다 예측불가한 일들이 많이 발생한다. 리더가 본인은 책임지지 않으려 하고 팔로워들에게 책임을 전가하면 직원들은 금방 알아챈다. 리더는 책임지는 자세를 가져야 한다. 세종대왕은 "꽃이 지고 홍수가 나고 벼락이 쳐도 내 책임이다. 모두 책임을 지고 그 어떤 변명도 필요 없는 자리, 그게 바로 조선의 임금이라는 자리다"라고 했다. 그리고 비가 오지 않는 것도 눈이 내리지 않는 것도 본인의 책임이라 했다. 또 이렇게 말했다. "백성이 나를 비판한 내용이 옳다면 그것은 나의 잘못이니 처벌해서는 안 된다. 설령 오해와 그릇된 마음으로 나를 비판했다고 해도 그런 마음을 품지 않도록 만들지 못한 내 책임이 있는 것이니 어찌 백성을 탓할 것인가." 문제가 생겼을 때 책임을 회피하고 부하직원에게 책임을 전가하는 리더가 있다. 그러나 리더의 자리는 책임지는 자리이다. 책임은 전가하고 자기 권위만 내세우는 리더는 결코 직원들의 존경을 받지 못한다.

: : 비교하지 않는다

경쟁이 심한 사회에서 우리는 남과 비교하며 열등감과 자격지심, 박탈감을 느끼기도 하고 우월감을 느끼기도 한다. 우리 집 두 아이는 현재 대학생인데, 아이들이 가장 싫어하는 소리가 다른 집 아이들과 비교하는 것이었다. 그래서 우리는 다른 집 이야기를 하지 않는다. 비교는 상대방에게 모멸감을 주고 기분을 나쁘게 만든다. 리더는 누구와 누구를 비교해서는 안 된다.

: : 먼저 인사하고 관심을 주자

사람 사이 모든 관계는 호혜의 법칙이 존재한다. 어떤 방식이든 서로 주고받는다. 우리가 주고받는 카톡도 짝수를 이루어야 한다. 카톡이 오면 답장을 주어야 마음이 개운하다. 어느 한쪽에서 일방적으로 받기만 한다면 좋은 관계가 될 수 없다. 그러한 인간관계는 깨진다. 마음도 주고받는 것이다. 인사도 주고받고 관심도 주고받는다. 먼저 인사하고 관심을 줘보자.

03

리더가
행복해야
조직이 행복해진다

직장생활 30년을 되돌아보면서 잠시 생각해 본다. 삶의 궁극적인 목적은 무엇일까? 아마도 행복을 추구하는 것일 것이다. 행복은 저 멀리 있는 것이 아니라 자신의 꿈을 꾸고 그 꿈을 만들어가는 하루하루가 아닐까 하는 생각이 든다. 행복은 성공이나 돈으로 얻는 결과가 아니라 마음속에 자리한 내면의 만족감에서 온다. 행복은 저절로 생기지 않는다. 먼저 긍정적인 삶의 태도, 사랑하는 마음, 감사하는 마음 등이 행복으로 이끌어준다. 성공해야 행복한 것이 아니라 행복해야 성공하는 것이다. 행복하기 때문에 웃는 것이 아니라 자주 웃기 때문에 행복해질 수 있다.

직장생활도 즐겁게 해야 활력도 생기고 생산성이 높아진다. 모든 일이 생각하기 나름이다. 좋은 눈으로 보면 곳곳에 행복이 기다리고 있다. 색안경을 끼고 보면 모든 것이 부정적으로 보인다. 언더우드 목사의 '언더우드의 기도'는 얼마나 감사할 게 많은지 생각하게 만든다.

"걸을 수 있음에 감사하고, 들을 수 있음에 감사하고, 말할 수 있음에 감사하고, 볼 수 있음에 감사하자. 살아갈 수 있음에 감사하자. 누군가는 지금 소망을 간절히 기도하고 있다. 놀랍게도 나는 누군가의 소원을 다 이루고 있다."

나는 이 기도문을 볼 때마다 많은 것을 가지고 있으면서 만족하지 못하는 스스로를 돌아보게 된다. 행복은 저 멀리 있는 것이 아니라 오늘 하루 즐겁게 최선을 다하며 보내는 데에 있다.

: : 행복한 리더가 되자

아프리카 속담에 '빨리 가려면 혼자 가고, 멀리 가려면 함께 가라'라는 말이 있다. 우리는 함께 멀리 가는 것을 추구하지 않으면 안 된다. 자신의 이익보다는 동료들을 배려하고 팀원들의 성장을 돕는 리더는 자신이 먼저 행복해질 것이다.

나는 은행생활 동안 훌륭한 동료와 선배, 후배들의 영향을 받아왔다. 그들의 자세, 마음가짐, 태도를 통해 늘 배우고 있다. 정신적인 멘토와 역할 모델로 삼아 따라 하려고 노력한다. 자신에게 좋은 영향을 끼친 동료나 선후배를 떠올려 보자. 아마도 겸손, 긍정적 태도, 배려, 미소, 정직과 신뢰 같은 단어가 연상될 것이다. 대부분 따뜻한 리더십으로 배려하는 모습이 그려진다. 존경은 타인을 위해 하는 행동에서 비롯된다. 자신의 이익만을 추구하는 리더는 결코 존경의 대상이 되지 않는다.

은행 영업점이나 고객 사무실을 방문했을 때 나는 분위기를 금방 알아차린다. 어떤 곳은 분위기가 밝고 활기차며 직원들의 밝은 미소와 웃음소리가 있다. 어떤 곳은 분위기가 어둡고 살얼음판처럼 차가운 느낌이며 직원들의 표정도 우울하다. 상사나 동료의 표정이 어둡거나 사고가 긍정적이지 않으면 그 분위기는 사무실 전체에 전파된다. 특히 리더의 태도와 사고가 중요하다. 리더의 주변사람을 대하는 태도, 일을 처리하는 자세 등은 조직 전체에 안개처럼 깔려 분위기를 만든다. 리더의 어두운 분위기는 구성원들에게 부정적인 정서를 전달하고 성과에도 좋지 않은 영향을 끼친다.

업무에 자신감과 열정이 있고 행복을 추구하는 리더가 되어야 한다. 행복도 조직 내에 전파된다. 가족이나 동료, 상사 등 자주 접하는 사람들이 행복하면 행복감이 15% 증진된다. 이웃이나 옆 팀의 동료가 행복하면 10%가 증진된다. 자주 보진 못해도 즐거운 통화만 해도 행복감은 5% 이상 증진된다고 한다. 나와 함께 있는 이들이 즐거우면 나 또한 즐거운 것이다. 리더가 행복해야 조직이 행복해진다.

: : 자존감이 높은 사람이 리더가 된다

행복한 직장생활을 하려면 먼저 자기 자신을 사랑해야 한다. 자기 자신의 부족함을 책망하기보다는 자기 스스로 아끼고 사랑해야 한다. 사람은 제 잘난 맛에 산다는 말이 있다. 자존감이 사람을 살게 하는 원동력이라는 말이 있다. 많이 가진 사람은 많이 가진 대로 자존감이 있고 적게 가진 사람은 적게 가진 대로 자존감이 있다. 자존감은 사람을 당당하게 만든다. 열등감은 비관적이고 부정적으로 생각하게 만든다.

제임스라는 심리학자는 자존감의 공식을 이렇게 말했다. '자존감=성공(Success)÷욕심(Need)', 즉 분모인 욕심을 줄이거나 분자인 성공을 증가시키면 자존감이 올라가게 된다. 자기와의 싸움에서 이기는 성공과 성취 기록을 많이 올리면 자존감은 상승한다. 자기에게 거는 기대 수준인 욕심을 낮출 때 자존감이 높아진다. 자기 자신에 환상적인 기대나 이상을 버리고 현실적으로 실현가능한 목표를 세우고 그것을 실현시키는 것이 자존감을 높이는 길이다.

자존감이 높은 사람은 자기 신체에 만족도가 높다. 반대로 자존감이 낮은 사람은 자기의 눈, 코, 체중 등 외모를 마음에 들어 하지 않는다. 자기 자신을 사랑해야 한다. 우리는 유일무이한 존재이다. 자기 자신에 대해 자신감을 가져야 한다. 자존감과 열등감은 외적인 조건이 아니라 자신을 바라보는 관점의 문제이다.

자존감이 높은 사람은 공감능력도 높다. 남의 감정을 파악하는 EQ도 높다. 반면에 자존감이 낮은 사람은 상대방이 나를 어떻게 보는지에 신경 쓰느라고 상대방의 감정을 읽을 여유가 없다. 자존감이 높은 사람이 리더가 된다. 그런 사람은 사람을 좋아하고, 자존감이 높을수록 인정이 많고 자신감이 있으며 미래에 대해 희망적이기 때문에 따르는 사람도 많게 된다.

아이들을 대상으로 '게임에서 이길 것 같다'는 그룹과 '질 것 같다'는 그룹으로 나누고 게임을 진행하는 실험을 했다. 결과는 게임에서 이길 것 같다는 그룹이 모두 이긴 것으로 나타났다. 자신감은 승패에도 영향을 준다. 자존감이 높은 사람은 성과에 대한 확신이 있고 사람들은 안심하고 그를 따르고 리더가 된다.

세상에 유일무이한 존재로 자신을 인정하고 칭찬하자. 외모, 성격, 능력 등 주름을 펴고 '너 수고했다', '고생했다'고 해 보자. 주름을 서러워하지 말자. 내면의 빛이 우러나와 만나고 싶은 사람이 되도록 하자. 행복의 첫째 조건은 높은 자존감이다. 자신을 사랑하지 않으면 행복해질 수 없다. 완벽한 사람이 없으니 누구라도 자신에게 만족스럽지 못한 점이 있다. 그것을 인정하면 부족한 부분을 채우는 과정 속에 행복이 찾아온다.

04

리더는
멈춰야 할 때를
알아야 한다

'지족불욕 지지불태 가이장구知足不辱 知止不殆 可以長久'는
노자의《도덕경》에 나오는 말이다. '만족함을 알면 치욕을 당하지 않
고, 멈춤을 알면 위태롭지 않아 오랫동안 지속할 수 있다'는 의미다.
이는 전체 5천 여 글자로 되어 있는 노자의《도덕경》에 자주 되풀이
되는 말이다. '만족할 줄 알아야 한다. 멈춤을 알아야 한다. 만족과
멈춤은 자신의 능력과 한계를 알고 기준을 정하여 그 안에서 밖으로
넘어서지 않는다'는 뜻으로 해석된다.

인간은 누구나 현재보다 더 나은 상태를 바란다. 그 노력이 실패
로 이어지면 좌절하고 성공으로 귀결되면 환호한다. 노자는 우리에
게 성공으로 이어지는 과정에 주목하게 만든다. 이처럼 자신의 능력
과 한계가 어디인지 모르고 자꾸 그 선을 넘으려고 시도하는 것을 경

고하고 있다.

: : 우리는 왜 만족하지 못하는가

우리는 과거보다 훨씬 살기 좋아졌지만, 여전히 만족하지 못한다. 우리는 과거보다 훨씬 풍족하지만 늘 부족함을 느끼고 새로운 것을 추구하고 있다. 100년 전으로 돌아간다고 생각해 보자. 100년 전 우리나라 국민들은 비행기도 탈 수 없었고, 자동차도 없었다. 텔레비전과 세탁기, 냉장고 등의 가전기기도 없었다. 전기가 안 들어오고 전화기도 없었다. 지금 가장 가난하게 사는 분들도 그 시절로 돌아가면 왕족보다 더 높은 생활수준이고 그 시대의 최고 수준의 삶의 질이 아닐까 생각해 본다.

나는 시골 깡촌에서 자랐다. 내가 초등학교 3학년쯤 동네에 전기가 들어왔고, 6학년쯤 우리 마을에 전화기 한 대가 들어왔다. 전기가 없어서 호롱불 아래에서 책을 읽었고 어머니는 호롱불 아래서 바느질을 하셨다. 그 모습이 아직 선하다. 이장님 댁에 한 대 있는 전화기로 전화가 오면 이장님은 스피커로 온 동네에 방송했고 사람들은 전화받으러 달려갔다. 그 시절 그 모습이 아직 생생하다. 버스도 하루에 한두 대만 다녔다. 사람들의 생활반경은 10킬로미터 이내로 모든 것이 그 안에서 이루어졌다. 어린 시절을 생각하면 천지개벽된 세상에 살고 있는 느낌이다.

:: 과욕이 부르는 사고와 추락

사회에서도 과욕을 부리다가 문제가 일어난다. 끝없는 욕망을 추구하다가 추락하는 경우를 많이 본다. 욕심은 끝이 없기에, 만족함을 알기란 쉽지 않다. 모든 것이 마찬가지지만 주식도 부동산도 재테크도 욕심을 끝없이 부리다가 잘못되는 경우를 많이 본다. 자신의 한계를 알고 멈춤의 지혜가 필요하다.

자신의 능력의 한계에 이르렀을 때 멈춤을 아는 운동선수들이 우리의 기억 속에 좋게 남아 있지 않은가? 노자는 우리에게 만족함을 알고 멈춤을 통해 삶의 의미를 생각해 보게 한다. 멈춤을 통해 자신의 삶을 성찰하는 여유를 가져야 한다. 현생 인류인 호모사피엔스는 어려운 환경 속에서 문명을 이루고 세상을 지배하였지만 미약하고 자기중심적이다. 나눔과 베푸는 삶을 통해 즐거움을 배우고 사랑과 봉사의 기쁨을 누릴 줄 알아야 한다. 감사하는 마음이 중요하고 만족할 줄 아는 자세가 필요하다. 감사하는 마음속에 행복이 찾아온다는 사실을 인지하고 실천하는 자세가 현대를 사는 우리에게 행복을 가져준다고 생각한다.

05

가까이 있는
사람을 먼저
기쁘게 하라

공자의 《논어》 〈자로편〉에 나오는
'근자열 원자래近者說 遠者來'는 '가까이 있는 사람들을 기쁘게 하면 멀리
있는 사람들을 찾아오게 한다'는 의미다. 가까이 있는 사람을 소중히
대하라는 소리로 들린다. 주변에 떠나려는 사람이 많다면 훌륭한 리
더가 될 수 없다. 훌륭한 리더는 함께하고 싶어 찾아오는 사람이 많
아야 한다.

이 말은 특히 가까이 있는 사람을 제쳐두고 남에게 잘하는 사람이
새겨들을 만하다. 그런 이들에게는 부모, 배우자, 자녀, 상사, 부하직
원들을 먼저 생각하고 이들에게 잘하라는 의미로 들릴 것이다. '근자
열 원자래'는 기업 경영, 가정, 친구 관계를 망라한 모든 분야의 관계
에서 새겨볼 만한 말이다.

주변 사람이 다가오지 않는다고 불만인 사람이 많다. 먼저 다가가서 가슴 뛰는 느낌을 주는 삶을 살자. '세상에는 공짜가 없다'는 말이 있다. 자기가 베풀어 준 만큼 반드시 돌아온다. 《성경》에서도 '내가 대접받고 싶은 대로 남에게 하라'고 했다. 겸손하고 감사하는 마음으로 다른 사람의 이익이 되는 삶을 살아가야 한다.

영업 현장에서 까다롭고 어려운 고객에게 자주 연락하고 찾아가고 명절 때 조그마한 명절선물 보냈을 때 그 고객은 어느 날 마음을 열게 된다.

나는 어려운 고객일수록 더 자주 연락해 친분을 쌓았다. 그런 고객이 다른 고객을 소개해 주어 영업점 성과 창출에 크게 기여한 적이 많다. 학창시절을 되돌아보아도 등하굣길이 같은 친구들, 앞뒤에 같이 앉았던 친구들, 같은 취미를 가졌던 친구들과 가까이 지내고 우정을 나누지 않았던가? 내 주변의 가족, 동료, 친구들에게 진심을 다하고, 주변의 동료들에게 관심을 가지면 절대 외롭지 않을 것이다.

: : '선한 일을 하는 사람은 반드시 하늘이 복을 준다'

《명심보감》의 〈계선편〉에 나오는 공자의 어록 '위선자 천보지이복爲善者 天報之以福 위불선자 천보지이화爲不善者 天報之以禍'는 '선한 일을 하는 사람은 반드시 하늘이 복을 주고, 나쁜 일을 하는 사람에게는 반드시 재앙이 온다'는 말이다. 다른 사람에게 선한 마음으로 봉사하고 섬기고 착하게 살아야 한다. 2,500년 전 공자 시대나 지금이나 변하지 않는 것은 리더는 품격과 도덕을 겸비해야 한다는 점이다.

남에게 선행을 베풀면 반드시 되돌아오는 것이 세상의 이치다.

나는 시골에서 자랐다. 어린 시절 집에 손님이 오거나 일이 있어 음식을 장만할 때 어머니가 담 넘어 이웃과 음식을 나누는 것을 많이 보았다. 어머니가 담장 너머로 음식을 듬뿍 담아 보내면 이웃집도 그 그릇에 음식을 가득 채워 되돌려 주었다. 복숭아 농사를 하던 이웃집 은 수확기에 낙과된 복숭아를 우리 집 형제들을 위해 광주리로 가져 다주었다. 사과 농사를 하였던 우리 집은 상품화하기 어려운 사과를 이웃집에 보냈다. 나눠 먹으며 정을 쌓고 서로가 행복해했던 그때가 기억난다.

내가 웃으면 상대방은 나의 얼굴을 보며 따라 웃게 된다. 내가 화 를 내면 상대방도 화가 나게 된다. 출근하여 동료에게 따뜻한 말 한 마디, 커피 한잔을 건네주면 나에게 친밀한 덕담이 돌아온다. 무엇이 든 베푼 만큼 되돌아온다.

내가 나의 얼굴을 보는 시간보다 다른 사람이 나의 얼굴을 보는 시간이 훨씬 더 많다. 밝게 웃는 표정, 행복한 표정은 다른 사람을 위 한 선물이고 내가 만들어 낼 수 있는 중요한 가치이다. 매일 아침 거 울을 보고 밝게 웃는 표정을 연습하자.

내가 타인에게 선한 일을 하고 즐거움을 주면 주변 사람이 모두 즐거워하므로 그 공기가 나에게 돌아온다. 내가 타인에게 악한 일을 하면 반드시 화로 돌아오게 된다. 자연의 이치가 그렇고 모든 종교가 선한 일을 하는 사람에게는 복이 오고 악한 일을 하는 사람에게는 화가 온다고 가르치고 있다.

: : 덕은 외롭지 않으며 반드시 이웃이 있다

'덕불고 필유린德不孤 必有隣'이라고 공자는 말하였다. '덕은 외롭지 않으며 반드시 이웃이 있다'는 말이다. 공자 시대나 지금 시대나 인간사를 관통하는 원리이다. 인덕이 풍부한 사람은 다른 사람을 평온하게 하고, 화목한 덕의 기운은 다른 사람과 함께 감으로써 외롭지 않다는 말이다. 너그러운 아량으로 좋은 일을 하게 되면, 때때로 고립되어 외로운 순간이 있을지라도 반드시 함께하는 사람이 있다는 의미로 해석된다. 덕이 있는 사람은 외롭지 않고 반드시 이웃이 있다.

내가 남에게 많이 베풀면 주변에 많은 친구와 동료가 생길 것은 당연한 이치이다. 부유하고 행복한 삶을 살기 위해서는 좋은 인맥을 쌓고 가족, 친구, 동료 등 가까운 사람들과 좋은 관계를 유지하여야 한다. 인간은 사회적 동물이므로 다른 사람과 바람직한 관계를 형성하지 못하면 행복을 유지하기가 어렵다. 주변에 사람이 많이 모이고 리더십이 있는 사람은 상대방의 고민을 잘 들어주고 칭찬을 하고 너그러운 마음을 가지고 있다.

06

타인을
중심으로 세상을
바라보자

나는《데일 카네기의 인간관계론》을
자주 읽는다. 학창시절에도 읽었고 은행에 다니면서 몇 번을 읽었다.
이 책은 인간관계에 대한 나의 생각을 변화시켰다. 나 자신을 되돌아
보게 하고 자기중심이 아니라 타인을 중심으로 세상을 바라보게 했
다. 관계에서 어떻게 해야 하는지 지침을 주었다. 좋은 글귀는 메모
해 실천하려고 노력했다. 공감되는 부분이 많아 내 삶에 긍정적인 영
향을 주는 책이다.

카네기의 인간관계론에는 사람의 마음을 꿰뚫어 보는 카네기의
통찰이 잘 녹아 있다. 사람의 심리를 너무 잘 표현을 했고 자기중심
이 아닌 상대의 마음을 읽어 사람을 움직이게 하는 노하우가 숨어 있
다. 카네기는 사람의 호감을 얻는 방법을 이렇게 이야기한다. '다른

사람에게 진정한 관심을 가져라', '웃어라', '상대방에게는 자신의 이름이 가장 달콤하면서도 가장 중요한 말임을 기억하라', '잘 듣는 사람이 되어라. 상대방이 스스로에 대해서 이야기하도록 이끌어라', '상대방의 관심사에 관해 이야기하라', '상대방이 인정받는다고 느끼게 하라. 그리고 진심으로 인정하라', '끊임없이 베풀어라. 샘물은 퍼낼수록 맑아지기 마련이다' 등등이다.

카네기의 책을 읽고 평소 생각하던 바를 정리해 본다.

: : 사람은 자기중심적이다, 상대의 마음을 읽자

인간은 사회적 동물이다. 우리는 관계 속에 타인과 함께하며 소통한다. 다른 사람에게 자신이 어떻게 비치고 어떤 관계를 맺고 있는지 살펴보아야 한다. 회사에서의 갈등, 사업에서의 문제, 우울증, 정신병 등 그 중심엔 언제나 사람과의 관계가 있다. 우리의 삶은 거미줄처럼 얽혀져 있다. 성공한 사람들 중에는 반드시 친밀한 관계에서의 사람의 협조가 있다.

그들에게는 고객, 동료, 가족, 친구 등을 끄는 힘이 있다. 원하는 것을 얻고 싶다면 반드시 다른 사람의 협조가 필요하다. 세상의 일이란 혼자 이루어낼 수 있는 것은 많지 않다. 누군가의 지원과 도움이 없이 스스로 할 수 있는 일은 아무것도 없다.

하버드대학교 연구팀이 79년 동안 729명의 삶을 추적했다. 그 결과 사람을 행복하게 만드는 것은 인간관계였다고 한다. 주변 사람과 관계가 좋았던 사람은 건강했고 반대로 외로움은 죽음으로 이르게까지 했다. 하버드대를 나왔던 안 나왔던, 관계가 좋은 사람이 행복했고 인간관계가 나쁜 사람은 외롭고 죽음으로 이르는 시간이 빨라졌다고 한다. 원만한 인간관계를 만들기 위해서는 사람의 마음을 잘 읽어야 한다.

:: 누구나 '좋아한다'는 말을 듣고 싶어 한다

누군가 나를 좋아한다고 하면 기분이 좋다. 자신을 좋아한다는 사람을 싫어할 사람은 없다. 그러나 우리는 '좋아한다'고 표현하는 것을 꺼리고 쑥스러워 한다. 특히 가족이나 친구, 동료에게 좋아한다는 말을 잘하지 않는다. 가족에게 부정적인 말을 하여 싸움을 하기도 하고 자녀와 트러블이 생기기도 한다. 타인에게는 잘하려고 노력하는 것에 비해 가족에게는 신경을 덜 쓰는 경향이 있다. 굳이 가족 사이에 긍정적인 표현을 할 필요가 없다고 생각하거나 쑥스러워 한다.

자신을 좋아한다고 표현하는데 불쾌할 사람은 없다. 다른 사람에게 호감을 얻을 수 있는 가장 빠른 방법은 상대를 좋아하는 것이다. 좋아한다고 표현하는 것도 연습이 필요하다. 훈련이 되면 자연스럽게 표현할 수 있다. '자랑스럽다', '멋지다', '멋쟁이' 등등 좋아하는 마음을 표현해 보자.

: : 먼저 베풀어 주자

　인간은 원시 수렵사회부터 집단생활을 하며 포식자의 공격에 대처했다. 적들의 공격을 막아내기 위해 집단 간에 동맹을 맺고 공동 대처를 하기도 했다. 동맹이란 '당신이 나를 도우면 나도 당신을 돕겠다'는 약속이다. 조상의 DNA에 따라 우리는 타인이 나에게 성의를 제공하면 잊지 않고 기억을 했다가 나도 그에게 선의를 돌려준다. 어떤 사람은 먼저 도움을 주고 나중에 받는다. 또 어떤 사람은 도움을 먼저 받고 나중에 되돌려 준다. 그러나 먼저 베푸는 것에 망설이는 경우가 많다. 왜 먼저 베푸는 것을 꺼리는 것일까?

　당장의 이익만 보고 장기적으로 보지 않기 때문이다. 미래를 보는 사람들은 먼저 베푸는 것에 서슴지 않는다. 먼저 베풀도록 하자. 먼저 베풀어도 당장 돌아오지 않는다고 불평할 필요가 없다. 수확을 하려면 먼저 땅을 파고 씨를 뿌려야 한다. 씨앗을 밭에 뿌리면 어떤 것은 새에게 먹히고, 어떤 것은 바람에 날아가고, 어떤 것은 병들고, 어떤 것은 말라비틀어진다. 수십 명의 고객에게 친절을 베풀어도 나와 관계가 맺어지고 거래가 성사되는 고객은 일부이다. 우리는 누군가의 도움이 필요할 때에는 먼저 도와주는 사람이 되어야 한다.

　수확을 하려면 먼저 뿌려야 한다. 상대의 미소를 원한다면 먼저 미소를 보내야 하고, 직원들의 협조가 필요하면 먼저 직원들을 도와주어야 한다. 고객이 필요하면 더 많은 고객에게 더 좋은 서비스를 제공해야 한다. 더 많은 것을 원하면 더 많이 주어야 한다.

'콩 심은 데 콩이 나고 팥 심은 데 팥이 난다'는 말이 있다. 받기 전에 먼저 주어야 한다. 무엇이든 심은 대로 거두는 것이 자연의 섭리이다. 이런 말이 있다. '끊임없이 베풀어라. 샘물은 퍼낼수록 맑아지기 마련이다.'

: : 자기 자신을 좋아하자

우리는 다른 사람에게 친절해야 한다고 생각한다. 그러나 먼저 자기 자신을 좋아해야 한다. 자기 자신에게 친절하지 못하면 결코 타인에게 친절할 수 없다. 스스로에 만족해야 다른 사람에게 너그러워진다. 세상은 자신을 비추는 거울이다. 나의 행동이 타인으로부터 반사되어 오는 것이다. 《성경》에서는 '네 이웃을 네 몸과 같이 사랑하라'고 한다. 이 말의 전제는 자신을 사랑하고 이웃을 사랑하라는 의미이다.

어떻게 하면 자기 자신을 좋아할 수 있을까. 자신을 사랑하면 된다. 거울을 보면서 자신의 모습을 보고 미소 짓고 자신의 행동을 보고 칭찬하면 된다. 좋은 성과를 창출했을 때는 스스로를 대견스러워하고 일기를 써보자.

나는 일기를 자주 쓴다. 일기를 쓰면 자존감이 올라가고 스트레스가 풀린다. 자세히 살펴보면 자신을 칭찬할 일이 정말 많다. 살다가보면 우리는 늪에 빠져 허우적거릴 수도 있고 가시밭에 내몰릴 수도있다. 위기는 항상 온다. 거기서 탈출할 수 있는 사람도 자기 자신이다. 자기 자신에 대해 태도를 긍정적으로 바꾸면 된다.

　타인에게 사랑받고 싶으면 자신을 사랑하는 방법을 배워야 한다. 자신이 자기를 사랑하지 않는데 다른 사람이 자기를 사랑해 주질 않는다. 자신에 대해 열등감으로 가득 찬 사람은 찡그린 표정, 어두운 눈동자의 얼굴을 하고 행동이 느리고 자주 한숨을 쉬고 목소리가 침울하다. 자기 자신에 대해 긍정적인 사람은 밝은 미소, 초롱초롱한 눈망울, 얼굴과 목소리도 밝고 자신감이 있다. 그리고 늘 감사하며 산다. 사랑받고 싶다면 먼저 자기 자신을 사랑하여야 한다.

∷ 비슷하면 좋아한다

　가깝게 지내거나 친하게 지내는 사람들은 대체로 생활환경이나 습관, 취미 등이 비슷하다. 또한 같은 종교적 신념, 같은 학교, 비슷한 지역 출신일 경우가 많다. 처음 보는 사람도 동향이나 동창이면 금방 친해진다. 해외에 살고 있다면 같은 나라, 같은 민족끼리 쉽게 친해진다. 미국의 신혼부부들을 조사한 결과 99% 이상이 배우자의 피부색과 인종이 같았다고 한다. 또한 94% 이상이 같은 종교를 가지고 있는 것으로 나타났다. 흔히 유유상종이라 하여 비슷한 사람끼리 어울리고, 동병상련을 겪는 사람은 쉽게 마음을 트고 가까워진다. '과부 사정은 홀아비가 안다'는 말도 있다. 비슷한 사람을 좋아하는 이유는 아마도 수만 년 동안 진화하면서 낯선 환경이나 개체의 위협으로부터 자신을 보호하려는 본능에서 생겨났을 것이다.

다른 사람의 마음을 사기 위해 서로에게서 공통분모를 찾는 것이 좋은 방법이다. 상대방이 애완동물을 기른다면 애완동물에 대해 공부하고 상대가 골프를 좋아한다면 골프에 대해서 공부해야 한다. 그 것을 중심으로 화제를 삼으면 쉽게 가까워진다. 상대방과 좋은 관계를 원한다면 상대방과 공통분모를 찾아내면 된다.

:: 좋아하면 판단하지 않는다

TV 토론 프로그램을 볼 때 자기가 좋아하는 사람이 이야기하면 그 사람의 말에 동의하고 그 사람을 응원한다. 반대로 자기가 싫어하는 정치인이나 연예인이 나와서 이야기를 하면 그 사람이 아무리 옳은 말을 하더라도 잘 호응하지 않는다. 말을 전하는 메신저가 누구인가에 따라서 우리의 신뢰도는 확연히 다르게 나타난다.

심리학자들이 실험을 하였다. 두 집단의 학생들에게 같은 이야기를 들려주고 이에 대해 찬반 의견을 물었다. 한 집단에는 이 말은 미국의 링컨 대통령의 말이라고 했고 다른 집단에는 이 말은 러시아 레닌의 말이라고 하였다. 첫 번째 집단 학생들은 거의 대부분 이 말에 동의를 했다고 한다. 두 번째 집단의 학생들은 대부분 이 말에 반대를 했다고 한다. 왜 학생들은 이런 평가를 하였을까. 링컨에 대한 좋은 이미지가 그의 말을 긍정적으로 받아들이게 한 셈이다. 반면 레닌의 부정적인 이미지는 그의 말을 부정적으로 받아들이게 하였다.

어떤 사람을 좋아하면 그 사람의 말을 잘 수용한다. 상대방이 자신의 말을 받아들이고 그것을 따를 기분을 못 느끼고 싫어하면 아무리 옳은 말을 하여도 설득할 수 없다. 상사나 부하 관계에서나 고객과의 관계에서 설득을 하려면 그들과 관계가 좋아야 하고 투자자, 자녀, 배우자 등을 설득할 때 그들의 호감을 얻어야 한다. 누군가를 변화시키고 싶다면 먼저 감성으로 그 사람을 자극해야 한다. 좋아하면 판단하지 않기 때문이다.

: : 선한 의지와 긍정적인 마음

나는 많은 사람들을 만나왔다. 다양한 사람들이 있지만 선한 의지를 가지고 살아가는 사람, 긍정적이고 밝은 사람에게는 늘 호감이 갔다. 선량하고 도덕적이고 윤리적인 사람들에게 정이 가고 그런 이들이 하는 사업이 잘되기를 기도했다. 선하고 열심히 하는 사람들은 꼭 돕고 싶고 함께 하고 싶었다. 직장에서도 선량하고 정직하고 성실한 직원들이 우대받고, 이런 직원들이 피해를 보지 않는 직장을 그려왔다. 나의 유전자가 선한 의지와 긍정적인 사람에게 마음이 쏠리도록 만들어진 것 같다.

선한 의지를 가진 고객이나 거래처는 꼭 다시 한 번 보고 싶고 인간적인 관계를 맺고 싶다. 미소를 품은 밝은 표정과 좋은 마음을 가진 사람에게는 호감이 간다. 나는 선의지를 가진 사람을 좋아한다. 선의지를 가진 사람이 잘되기를 바란다. 선의지란 착하다는 의미와는 조금 다르다. 착하다는 의미는 요즘 세상에 조금 바보 같고 손해 본다는 느낌도 있다. 선의지를 가진 사람은 선함을 추구하고 도덕적이다. 선의지를 가진 사람은 열심히 하여 성공하고 악한 사람에게 당당히 이길 수 있는 그런 사람이다. 나는 그런 이들을 응원하고 있다. 아마도 다른 사람들도 그럴 것이다.

나는 긍정적인 사람이 좋다. 긍정적인 사람은 그냥 같이 있어도 기분이 좋고 엔도르핀을 흐르게 한다. 부정적인 사람은 부정적인 영향력으로 정신적인 뱀파이어와 같다. 긍정적인 마음은 상호간에 기분을 좋게 한다. 이런 사람들과 함께 하고픈 것은 모든 사람의 소망일 것이다.

: : 관심을 기울이면 관계에 마술이 일어난다

다음은 〈국민은행 직원연수통신(1992년 11월호)〉에 실렸던 나의 원고이다. 구로동지점 근무 당시 썼던 것으로 다시 봐도 좋을 것 같아 여기에 정리한다.

인간관계의 마술사 : 관심

사람은 누구나 혼자서는 살아가지 못한다. 끊임없이 사람과의 관계를 형성하고 주위 사람과 부딪힌다. 그런 관계 속에 인간관계가 형성되고 벗이 생기기도 한다. 우리의 일상에서 가장 많은 시간을 보내며 함께 지내는 사람은 직장 동료이다. 그러나 직장에서 우리는 주는 것보다 받기만을 고집하고 있다. 자기에게 관심을 가져주길 바라며 자기를 채색하고 연출한다.

나에게 다가와서 말 건네주기 바라기 전에 먼저 인사하고, 먼저 정을 담아줄 때 우리의 직장생활은 한결 부드러워진다. 인생론을 쓴 데일 카네기는 "당신이 두 달만 다른 사람에게 관심을 기울이면, 당신에게 관심을 기울이도록 기다리는 2년 동안 보다 더 많은 친구를 만들 수 있다"고 했다.

인간관계 형성에 있어 관심의 중요성을 이야기한 것이다. 상대방의 기를 세워주는 유머 한 마디, 정이 듬뿍 담긴 아침인사, 이런 것들은 상대방의 기분을 좋게 하는 것이며 자신을 그려 나가는 도구로서도 훌륭한 방편이다.

같은 배를 탄 운명공동체로서 기쁨을 함께하고 슬픔을 나누어 가질 때 우리 인간관계는 한층 더 원활해진다. 인간관계에서 가장 중요한 단어는 '우리', 가장 덜 중요한 단어는 '나'라고 한다. 이기심으로 가득 찬 오늘의 현실을 볼 때 귀담아 들을 이야기다.

우리는 신명의 한국인이다. 신바람이 나면 무엇이든지 해낼 수 있는 우리들이기에, 신바람을 불러일으켜야 한다. 서로 관심을 가져주고 칭찬하고 격려할 때 우리는 무한한 능력을 발휘할 수 있다. 우리 직장 에서도 서로 관심을 가져주고 칭찬을 아끼지 않는 풍토를 조성하자.

07

만족되지 않는
마음을 채우는 방법,
봉사

　　　　　　　　　친구의 이야기다. 시골에서 서울로
처음 올라와 나와 같이 서울 생활을 시작하였다. 가끔 주말에 만나
소주도 한잔 하고 직장생활의 고충을 터놓고 타지 생활의 고단함을
나누던 친구이다. 그 친구는 결혼생활을 월세방에서 시작하면서 항
상 '전세방 하나만 얻으면 소원이 없겠다'고 했다. 그는 작은 신문사
에서 기자로 일했고 부인은 조그마한 가게에서 열심히 일하였다. 친
구 부부는 몇 년 후 마침내 전세방을 마련한다. 전세방을 힘겹게 마
련하여 즐거워하였고 친구들을 초대하였다.

　그러나 빛나던 전세방이 초라하게 느껴지기 시작한다. 친구들이
하나둘 자기 집을 마련하기 시작하고 아이들이 자라면서 전세방으
로는 만족하지 못하게 된다. 그리하여 내 집 마련을 위해 몸과 마음

을 바쳐 열심히 일한다. 그리고 서울 외곽에 24평 아파트를 마련하였다. 그 목표를 달성하지만 새로운 꿈이 생겼다. 더 큰 평수의 아파트에 살기를 원하여 30평 아파트를 샀다. 그러나 지금은 더 좋은 지역의 아파트를 사고 싶어 한다.

친구의 이야기지만 보통 사람들이 사는 삶이 아닐까 생각된다. 워낙 주택가격이 비싸 자기 집을 갖는 것이 소망이고 그 소망을 이루기 위해 산다. 희망의 사다리를 두고 한 칸씩 올라가는 행복이 아닐까 생각한다.

한편 한 지인은 고금리를 준다는 말에 솔깃해 자신의 알토란같은 돈을 빌려 주었다가 돌려받지 못하여 허덕이고 있다. 대박을 꿈꾸며 큰돈을 주식에 투자했다가 소위 '쪽박'을 차서 빚더미에 앉은 사람도 있다. 무리한 투자로 사업을 벌려 자산을 탕진하고 신용불량자로 살아가는 사람도 있다.

우리 인간의 욕망은 끝이 없다. 욕망의 덩어리를 행복으로 이끌 방법은 무엇일까? 욕망의 항아리에 구멍을 막고 채움의 보람을 느껴야 한다. 만족은 욕망이 적을 때 일어난다. 우리는 자신의 능력을 키우면서 한편으로는 욕망을 줄여 나가야 한다.

: : 톨스토이의 바흠 이야기

톨스토이의 바흠 이야기는 인간의 끝없는 욕망에 대해 깨달음을 준다. 바흠 이야기는 인간의 탐욕을 잘 표현하였다. 부지런하고 소박했던 농부 바흠이 악마에 의해 타락한다. 바흠은 촌장의 제안으로 일출에서 일몰까지 밟은 땅이 그의 땅이 된다고 했다. 다만 해지기 전까지 돌아오지 못하면 땅을 한 평도 받지 못한다는 것이다. 바흠은 동이 트자마자 내달리기 시작한다. 더욱이 더 멀리 갈수록 비옥한 땅이 있었다. 멈출 수가 없었다. 앞만 보고 땅 욕심을 부풀리다 보니 어느덧 해가 기울고 있었다. 할 수 없이 발길을 돌렸다. 해가 지기 전에 돌아가지 못하면 큰일 난다는 불안과 초조 가운데 속도를 냈지만 그럴수록 몸은 무거워졌다. 가까스로 해가 떨어질 무렵 도착했다. "허허, 땅을 제대로 잡으셨소."라는 촌장의 말을 들었지만, 바흠은 쓰러져 피를 토하고 죽고 만다. 그리하여 고작 제 몸 하나 뉘일 좁은 땅속으로 돌아간다. 바흠은 땅을 차지하기 위해 열심히 줄을 그었지만 결국 돌아와서 죽게 되었다.

톨스토이는 물질적인 가치만을 추구하다 타락하는 인간의 모습을 잘 그려냈다. 물질적인 것만 추구하다가는 목마를 때 바닷물을 마시는 것처럼 더 많은 갈증을 느끼게 될 뿐이다. 과연 인간의 욕망은 끝이 있을까? 인간의 욕망은 끝이 없다.

우리에게 행복과 만족을 주는 것은 물질적인 가치만 있는 것은 아니다. 명품 가방이나 비싼 자동차를 처음 구입할 때는 누구나 큰 만족을 느낀다. 하지만 명품 가방을 10번째 살 때도 여전히 처음처럼 만족할까? 물질적인 풍요만 찾는다면 언젠가 허무의 바다에 이르는 날이 오게 된다.

: : 봉사와 나눔의 즐거움을 알자

아이들의 웃음과 따뜻한 햇살에서 행복을 느낄 수 있고, 더운 여름 시원한 물 한 잔으로도 기쁨을 맛볼 수 있다. 우리는 부부, 자녀, 동료, 친구 등 사회구성원들과 수많은 관계로 얽혀서 살아간다. 이러한 관계 속에서 행복을 찾을 수 있고, 문화와 예술에 감동하고 자신의 삶의 의미를 깨닫는 등 내면의 힘을 키워 행복하게 살 수도 있다. 물질적인 풍요보다 정서적인 풍요가 더 중요하다.

지금은 종교 생활을 열심히 하지 않지만 한때 성당에 열심히 다니면서 봉사활동을 하였다. 매달 부천에 있는 작은 예수회 소속 지체장애인 단체에 가서 목욕 봉사를 하였다. 지체장애인들의 손을 잡고 같이 목욕탕에 가서 목욕을 시켰다. 몇 년 동안 레지오 활동(성당에서 봉사하는 단체)을 하다 지방 지점장으로 발령 난 후 그만두었다. 당시에는 목욕 봉사와 어르신 대상 배식활동, 청소 등을 기쁜 마음으로 하였다.

봉사는 무엇보다 자신의 기분을 좋게 한다. 남을 돕는다는 것은 즐거운 일이다. 봉사활동을 하면서 내 시간과 금전을 지출했지만 내 마음은 기쁨이 넘쳤다. 나는 긍정적이고 선하게 살고자 한다. 이것이 나의 인생 모토이다. 비록 부족한 인간이라 나쁜 생각을 할 때가 있어도 다른 사람을 해롭게 하지 않아야 한다는 것이 나의 인생 지론이다.

우리에게는 자신의 삶에 대한 성찰과 인간에 대한 이해가 필요하다. 호모사피엔스는 미약하고 취약하며 자기중심적이다. 나누고 베푸는 즐거움을 배우고 사랑과 봉사의 기쁨을 누릴 줄 알고 감사할 줄 아는 인간이 되어야 행복이 온다. 자신의 땅을 더 많이 갖고 싶어 하는 인간의 욕심과 집착은 그를 결국 죽음에 이르게 했다. 바흠의 이야기는 인생에서 진정 중요한 것이 무엇인지 생각하게 한다. 인간의 욕망은 끝이 없는 것이기에 절제와 행복이라는 가치에 방점을 주고 살아가 보자.

08

삶의 불안과
고통을 없애는 방법,
내려놓기

　　　　　　　　　　어느 날 갑자기 소식이 끊긴 친구가
있었다. 동창회 활동을 열심히 하던 친구인데 전화도 되지 않고 동창
회 밴드에서도 나가 버렸다. 동창들이 무슨 일이 있는 건 아닌지 걱
정했다. 2년쯤 지났을 때 그 친구가 다시 나타났다. 불경기로 사업이
어렵게 되어 조용한 사찰에서 지내다가 돌아왔다고 했다. 50대 중후
반에 사업 실패로 어려움에 처한 친구는 사찰에서 지내면서 자신을
돌아보고 마음공부를 하여 심신이 안정되었다고 한다. 수양을 하고
참선을 하면서 내려놓는 방법을 배우고 인생의 의미를 되돌아보게
되었다고 한다. 우리는 세상을 살면서 수많은 위기와 어려움에 봉착
한다. 변화무쌍한 인생에서 예측하지 못한 위기에 빠지기도 하고 갑
작스런 사고가 발생하기도 한다.

하루 앞을 못 내다보는 것이 우리의 삶이다. 걱정, 슬픔, 고민 등에 시달리고 몸이 아프기도 하고 가난, 이별, 원망과 미움으로 고통에 빠지기도 한다. 직장에서 상처받기도 하고 잘나가던 사업이 하루아침에 무너져 고통받기도 한다. 주식이나 비트코인, 부동산 등에 투자하여 성공하는 사람도 있지만 투자가 잘못되어 손실을 보고 불안과 걱정의 나날을 보내는 사람도 많다. 집값 폭등으로 집을 사지 못한 사람들의 아우성이 곳곳에서 들린다. 몇 년 사이 10억 이상 오른 아파트가 즐비하니 그럴 만도 하다. 내가 아는 동료도 청약을 기다리다가 청약 당첨은 안 되고 그 사이 아파트 값만 천정부지로 올라 불안해하고 있다.

불안은 마음가짐에 달려 있다. 인간은 생존을 위해 부정적인 사건을 오래 기억하도록 되어 있다. 즉 가장 무서운 적은 자신의 마음이다. 욕망을 내려놓을수록 불안은 사라진다.

: : 집착하지 말고 내려놓으면 고통이 해결된다

《법화경》 번역본을 우연히 읽게 되었다. 《법화경》에서는 인간은 생로병사, 성냄, 불안, 어리석음 등으로 번뇌의 시간을 보내고 있다. 또한 욕심, 성냄, 어리석음이라는 3가지 불길이 타오르고 있다고 한다. 인간은 누구나 생로병사를 벗어날 수 없고 번뇌를 떨칠 수 없으며 이러한 감정에 휘둘려 불안해하며 살아간다. 그리고 집착하지 말고 내려놓으면 고통이 해결된다고 한다.

너무 악착같이 애를 써야 하는 문제라면 한발만 뒤로 물러서 보라고 한다. 정신적으로 육체적으로 감당하기 힘든 일이라면 한발만 뒤로 물러서서 보자. 오랫동안 끌어안고 있다 보면 에너지가 정체되고 응어리가 져서 점점 더 어려워지고 건강에도 아주 해롭다.

힘을 빼고 여유로운 마음을 가지면 풀리지 않던 문제도 풀릴 수 있다. 운동할 때도 몸의 힘을 빼고 편안한 마음으로 해야 다치지 않고 운동도 잘 된다. 일을 할 때 어깨와 목이 아프고 머리가 아프다면 행복과 풍요와 반대방향으로 가고 있다는 신호다. 그렇다면 하던 일을 잠시 멈추고 자신의 삶과 자신이 하는 일에 대한 방향을 다시 한번 생각해야 한다.

지치고 힘들 때 내려놓고 활기차게 걸어보자. 밝은 표정으로 말해보자. 즐거운 기분으로 친구를 만나보자. 거울을 보고 웃어보자. 에너지가 활성화되고 의욕이 가득 차게 된다. 악착스러운 마음과 집착하는 마음, 자기중심적인 마음을 버림으로써 우리 삶은 더욱 편안해질 수 있다.

오늘 힘이 들어도 멀리 보고 크게 보는 삶을 지향하자. 인생은 유한하다. 물질적인 가치보다는 정서적인 가치에 마음을 주고 자신의 삶을 되돌아보자. 인생이 행복한 여정이 될 수 있도록 마음의 평화를 갖자.

09

내 마음속
일어나는 화를
잘 다스리자

가정이나 직장에서 자기 의도대로 일이 되지 않고, 부당하거나 억울한 일을 당하기도 한다. 부당하거나 억울하다고 생각되면 자신도 모르게 화가 나기도 한다. 지나고 나면 별일 아닌 것에 화를 내어 후회하기도 한다. 때로는 상대방 면전에서 화를 퍼붓고 분노하여 되돌릴 수 없는 상처를 준다. 어느 누가 모욕을 당하고 아무렇지 않겠는가. 한 번 더 생각하고 자신의 의견을 천천히 이야기해 보는 것이 어떨까? 아무 데서나 버럭버럭 화를 내는 사람은 아무 데서나 배설하는 짐승과 다름이 없다.

화가 나서 도저히 참을 수 없을 때에는 상대방에게 바로 화를 내지 말고 그 자리를 피해 혼자 해소하는 시간을 가져야 한다. 화가 치밀어오를 때에는 멈춤의 시간이 필요하다. 그 자리에서 일어나 자리를 잠시 떠나 심호흡하며 생각을 가다듬어 보자. 한번만 더 생각하고 참아내어 보자.

:: 자신의 생각이 사실이 아닌 경우가 많다

자신이 생각하는 것이 사실이 아닌 경우가 많다. 나의 생각은 하나의 생각일 뿐이다. 우리는 눈으로 보고, 귀로 들으면 사실이라고 믿는다. 그러나 살인사건 등에서 목격자의 잘못된 증언으로 죄 없는 사람이 억울하게 옥살이하고 진범이 따로 있는 경우를 많이 본다. DNA 검사로 진범이 밝혀진 경우 잘못된 판결의 90%가 목격자들의 증언에 의한 것이다. 인간은 자기중심으로 세상을 바라본다. 그리고 인지편향으로 자신이 원하는 결과를 바라거나 어떤 사건을 접하고 감정이 앞설 때 원하는 정보만 선택적으로 인지한다.

인간은 혼자만의 생각으로 화를 내기도 한다. 사람은 자기가 듣고 싶은 것만 듣고, 보고 싶은 것만 본다고 한다. 동굴 벽화에 비친 그림자를 보고 실제라고 믿고, 빙산의 일부를 보고 전부라고 믿는다. 오랫동안 인간들은 태양이 지구를 돌고 있다고 믿었다. 생각이 사실이 아닌 경우가 많고 인간은 인지편향으로 잘못된 생각을 가지고 분노할 수 있다는 점을 생각하자.

길을 가다가 누군가가 이유 없이 따귀를 한 대 맞았다고 가정해 보자. 상상만 해도 기분이 나쁠 것이다. 실제로 그런 일이 생기면 기분이 나쁘고 화가 나게 된다. 하지만 더 큰 문제는 한 대를 맞은 뒤에

분한 마음에 계속 그 상황을 생각하고 친구나 가족에게 그 심정을 설명하고 머릿속에 그 상황을 재구성한다. 그런 과정에서 계속 화가 나서 점점 더 분노한다. 그리고 또다시 친구들에게 말한다면 계속 그런 식으로 부정적인 이미지와 감정들을 마음속에 쌓아가게 된다. 남에게 억울하게 따귀를 맞아서 생긴 부정적인 이미지 한 장은 시간이 지나면서 부정적인 경험으로 생각하게 되고 재구성하면서 수많은 부정적인 이미지를 스스로 심는다.

세상에는 예측하지 못한 일들이 많이 일어난다. 그 일에 대해서 어떻게 반응하고 대처해야 할까? 나에게 발생하는 부정적인 사건들을 흘러가게 빨리 잊도록 하자.

:: 화가 날 때 푸른 숲 속 길을 걸어보자

사람의 마음은 수시로 바뀐다. 좋아하는 마음, 싫어하는 마음도 변한다. 지금 좋아한다고 할지라도 그 일이 계속되고, 일상이 되면 좋아하는 마음도 바뀔 가능성이 있다.

평소에 웃을 일을 많이 만들고 감정표현과 대화하는 것을 훈련할 필요가 있다. 생각이 행동을 만들고 행동이 습관을 만든다고 한다. 좋은 생각과 긍정적인 마음은 분노를 가라앉히고 마음의 평화를 가져온다. 평소에 긍정적인 생각을 하고 자기감정을 긍정적으로 이끌어야 한다. 자기의 감정을 표현하는 훈련으로 분노에 이르지 않도록 조절할 필요가 있다. 이러한 훈련들은 분노가 세련된 언어로 표출되도록 돕는다.

　나는 어린 시절 시골에서 자라서 항상 푸른 산과 숲을 좋아한다. 화가 날 때나 머리가 복잡할 때, 힘이 들 때 숲속을 걸으면 스트레스 해소는 물론하고 건강하게 살아 있음을 느낀다. 화가 날 때 일상에서 벗어나 자연으로 가보자. 푸른 숲의 맑은 산소와 피톤치드가 뇌에 공급되면 스트레스가 날아갈 것이다. 화가 나고 고통스러울 때, 머리가 아프고 쑤실 때, 숲 속에 가서 걸어 보자. 푸른 숲 속에 가면 머리가 맑아지고 두통이 사라지는 것을 느낄 수 있다.

　새소리와 물소리가 청아하게 들리고, 나무 한 그루 한 그루와 바윗돌 하나하나를 자세히 보고 생존의 법칙을 되새기며 자연의 경이로움에 감탄하고 힐링해 보자.

5장

살며 일하며
사랑하며 배운
인생의 작은 지혜들

01

나이에 어울리는 품격으로 삶을 가꾸자

나의 마음은 아직 청춘이고 20대 때가 아직 눈에 선한데 누가 나에게 나이를 물어보면 스스로 깜짝 놀란다. 어느새 나도 50대 중후반이 아닌가. 시간의 흐름은 화살과 같다. 시간은 나이의 속도에 비례한다는 말이 있다. 40대는 40킬로미터로 시간이 가고, 50대는 50킬로미터로 시간이 가고, 60대는 60킬로미터로 시간이 간다고 한다. 나이가 들수록 더 빠른 속도로 나이를 먹는다는 말이다. 하루 한 달이 화살과 같이 지나고 나면 지나간 시간은 한순간의 점과 같다. 1년이라는 세월도 추억의 한 장같이 남는다.

운전할 때 처음 가는 길은 긴장이 되고 시간이 많이 걸린다. 그러나 매일 다니는 익숙한 길은 쉽게 빨리 가는 느낌이다. 아마도 살면서 경험치가 쌓이고 새로움이 없이 한 번씩 경험했던 일이 많아지기에 시간이 빨리 가는 느낌이 들게 된다.

나이가 들어간다고 서글퍼할 일도 없다. 나이를 먹을수록 성숙되고 원숙하게 된다. 마치 잘 익은 과일처럼 어쩌면 나이가 드는 것은 점점 더 성숙해지고 있는 것과 같다. 인생 또한 그 나이에 맞는 그 멋이 있는 것이다. 20대에는 20대의 젊음과 패기가 멋있고, 30대에는 치열하게 살아가는 열정이 있고 40대에는 노련함이 있고 50대와 60대에는 원숙한 경험치가 있다. 인생을 큰 그림으로 길게 보면 나름 그 나이에 어울리는 멋이 있다. 멋을 살리자.

: : 명성을 쌓는 데는 20년, 무너뜨리는 데는 5분

품격을 사전에서 찾아보면 '품성과 인격을 줄인 단어', '사람된 바탕과 타고난 성품'으로 정의하고 있다. 품격을 갖춘 사람은 인격적 품위를 솔선수범하여 지키는 사람이다. 국민소득만 보면 우리나라는 선진국의 길목에 있는데 각종 사건사고들은 우리를 부끄럽게 한다. 요즘 뉴스를 보면 부끄러운 일들이 너무 많다. 나라도 개인도 품격을 가져야 한다. 품격은 어느 날 갑자기 생겨나는 것이 아니고 숙성의 시간이 필요하다. 소득이 일정 수준을 넘어가면 양보다 질을 찾게 되고 성숙함과 여유로움으로 품격을 찾는다.

품격 있는 사람은 인간으로서의 훌륭한 성품, 누구에게나 믿음을 주는 성격, 자신의 일에 대해서는 책임을 지는 태도를 가진다. 평소 사소한 말이나 행동에서부터 믿음을 준다.

미국의 방위사업체 CEO 빌 스완스가 말한 '웨이터의 법칙'은 '당신에게는 친절하지만 웨이터에게 무례한 사람은 절대 좋은 사람이 아니다'라는 이론이다. 고급 레스토랑에서 웨이터가 실수로 손님 중 한 명에게 와인을 쏟았다. 옷을 버린 손님은 불같이 화를 내며 "당신 미쳤어? 내가 누구인지 알아? 지배인 오라고 해!"라고 소리쳤다. 이때 동석했던 사람은 브랜드 다빈스라는 의류 업계의 거물이었다. 그녀는 그 모습을 보고 무례한 그 사람과의 거래를 취소했다. 웨이터의 법칙을 주창한 빌 스완스는 다른 것은 몰라도 이 법칙만은 정확하다고 말한다.

자신보다 지위가 낮은 사람에게 자신이 가진 권력을 휘두르는 것으로, 자신의 지위가 높다는 것을 확인하고 싶어 하는 어리석은 사람들이 있다. 함께 일하는 사람들은 누구도 예외 없이 소중한 사람들이다. 지위가 낮은 곳에 있는 사람일수록 더욱 존중해야 한다.

명성을 쌓는 데는 20년 이상 걸리지만 그것을 무너뜨리는 데는 단 5분이면 충분하다. 세상에서 주목받지 못하는 사람, 소외된 사람들에게 내가 먼저 웨이터의 법칙을 적용하면 나 자신은 물론 주변 사람들도 품격 있는 사람으로 존경받는다.

∷ 품격 있는 삶을 위해 해야 할 것들

나이가 많다고 모두 어른이 아니다. 자기 것만 고집하고 더 가지려고 발버둥 치는 사람은 어른으로 대우하지 않는다. 나이가 젊어도 배려할 줄 알고 생각이 깊고 여유가 있으면 어른이다. 지혜를 베풀고 이웃과 사회에 봉사하고 나누어 줄 수 있어야 품격 있는 사람이다. 나이가 들수록 시간의 경험과 경륜으로 지혜를 살려서 후배들에게 나누어 줄 수 있어야 한다. 품격 있는 삶을 위해서 지켜야 할 것을 정리해 본다.

① 품격은 배려에서 나온다

먼저 나눔의 품격을 가져야 한다. 자신의 재능과 마음을 나누어 줄 수 있어야 한다. 내가 가진 경험과 지혜를 나누어 주고 공동체를 위해 봉사해야 한다. 자기 자신만을 위해 앞만 보고 달려가는 삶에서 벗어나 주변을 돌아보아야 한다.

어깨에 힘을 빼고, 입 꼬리를 올리고 목소리를 낮추자. 그리고 넓은 가슴으로 포용하자. 황하와 양쯔강은 작은 물줄기를 마다하지 않아 큰 강줄기를 이루었다. 다른 사람의 비평도 기꺼이 흡수하는 자세를 가져야 한다. 높은 곳에 있는 사람은 멀리 보고 사방을 두루 보고 깊은 곳도 보게 된다. 마음을 넓게 쓰자. 그늘이 넓은 나뭇가지에 새들이 모이고 가슴이 넓은 사람 밑에 사람들이 모이는 법이다.

② 품격은 감사에서 온다

내 마음의 풍요가 감사를 부르고 그 감사가 다시 풍요를 부른다. 유엔(UN)에서 정한 연령 기준으로 보면, 18세에서 65세까지가 청년이고, 66세부터 79세까지가 중년이다. 아직도 우리는 젊은 것이다.

101세의 철학자 연세대학교 김형석 명예교수는 100년 인생을 살아 보니 65세부터 80세까지가 제일 행복했다고 한다. 65세에서 80세가 되니 여유가 있고 지혜가 충만하고 건강도 큰 문제가 없었다고 한다. 이때 쓴 책들이 가장 좋은 책이라고 생각하고 있으며 가장 많이 팔린 책이라고 한다. 우리는 아직도 청년이다. 할 일도 많다.

생각해 보면 감사할 일이 정말 많다. 계절의 변화로 아름다운 경치가 주는 자연에 감사하고, 먹고 사는 일상에서도 감사할 일이 정말 많다. 동시대를 함께하는 가족, 친지, 친구, 동료에게 감사하자. 감사하는 마음은 행복을 느끼는 세라토닌 분비를 촉진하여 즐겁게 만들어준다. 매일매일 감사한 일을 찾고 행복을 느끼는 삶을 꿈꾸자.

③ 마음의 근육을 쌓는다

나이가 들어가면서 누구나 근력 운동과 유산소 운동을 한다. 나도 헬스클럽에서 웨이트 트레이닝으로 근육을 다지고 런닝머신을 달리면 유산소 운동을 한다. 주말이면 집 근처 운동장을 돌고 팔굽혀펴기와 스쿼트 등으로 근력을 다진다. 운동은 언제나 나에게 활력을 준다. 근력 운동은 근육에 고통을 줌으로써 단단하게 만든다. 그렇다면 마음의 근육은 어떻게 키울 수 있을까. 세상의 풍파에 부딪히며 마음의 근육이 만들어진다. 온실에서는 마음의 근육이 만들어지지 않는다.

살아가면서 늘 좋은 일만 생기지는 않는다. 즐거운 일만 있고 관계도 좋은 관계만 있는 것이 아니다. 삶에선 고통스러운 순간도 많다. 사업 실패, 이혼, 퇴직, 건강 문제 등 수많은 문제가 발생한다. 그러나 어둠이 지나면 새벽이 오고, 불행이 있기에 행복이 있다.

④ 마음의 여유가 필요하다

하는 일이 잘 풀릴 때도 있지만 마음대로 되지 않을 때도 있다. 일이 잘 풀리지 않으면 마음이 조급해진다. 사소한 일에도 짜증이 나게 된다. 이런 때는 조금 여유를 가져보자. 여유를 가지지 못하면 잘못된 판단을 하기 쉽고 큰 실수를 저지르기도 한다.

운동을 할 때도 힘을 빼라고 하지 않는가. 힘을 빼면 다치지 않고 부드럽게 운동할 수 있다. 마찬가지로 마음에서 내려놓으면 더 많은 것을 얻을 수 있다. 사람이나 물질이나 너무 많은 집착을 하면 할수록 내가 원하지 않는 방향으로 흘러가고 결국 나에게서 떠나버린다. 물질도 나에게서 떠나 버릴 수 있음을 알고 사람도 언제나 나에게서 떠날 수 있음을 아는 것이 삶의 지혜이다.

⑤ 존경을 부르는 겸손

자신을 낮추면 겸손하다고 한다. 겸손은 그 사람을 더욱 아름답게 하고 높은 곳에 서게 해준다. 사실 똑똑한 사람보다 겸손한 사람이 성공하는 경우가 많다. 세상은 혼자 살 수가 없다. 겸손하면 주변에 사람이 모이고 다른 사람이 많이 도와주기 때문이다.

스스로 자기가 잘났다고 하는 사람들이 많기에 우리는 겸손한 사람과 같이 하고 싶어 한다. 그 사람의 내면에 겸손이 있으면 우리는 금방 겸손한 사람을 알아본다. 그리고 우리는 그 사람을 좋은 사람으로 인정한다. 허리를 굽실거리며 다니면서 교만한 행동을 하면 누구도 좋아하지 않는다.

나이가 들수록 경험한 것도 많아지고 그동안의 학습으로 아는 것도 많아진다. 그래서 허리와 고개가 뒤로 젖혀지고 사람들을 가르치려 하고 말이 많아진다. 그러면 주변에서 사람이 떠나가기 시작한다. 늙어서 외롭게 살고 싶으면 남을 가르치려고 하고 말을 많이 하면 된다. 그러면 주변에서 사람들이 떠난다. 나이가 들수록 낮아지려고 해야 한다. 자신을 낮추려고 하면 높아지고, 자신을 높이려고 하면 낮아진다.

나에게 필요한 친구는 능력이 뛰어난 친구도 아니고, 돈이 많은 친구도 아니다. 인간성이 좋고 편하게 이야기할 수 있고 소주 한 잔 함께 할 수 있는 친구가 필요하다. 마음이 따뜻하고 항상 웃는 모습으로 편안하게 해주는 친구는 언제나 환영받는다.

⑥ 여유 있게 주위를 살피자

등산할 때 앞만 보고 올라가면 들꽃의 아름다움이나 멀리 펼쳐진 경관을 볼 수 없다. 주변을 살피며 올라가면 새소리, 물소리, 계곡의 아름다운 모습을 느끼고 저 멀리 산등성이의 멋진 경치와 운무의 이동을 볼 수 있다. 마찬가지로 운전을 할 때 시속 100킬로미터로 달릴 때는 앞만 주시하고 달려서 주변을 돌아보지 못한다. 주위를 둘러보았다가는 사고가 날 우려가 있다. 그러나 시골길을 천천히 운전하면 주변의 아름답게 핀 꽃과 유유히 흐르는 강물이 눈에 들어온다.

인생에서도 주변을 살피면서 여유를 가지면 소소한 즐거움과 삶의 의미를 느끼는 순간을 만들 수 있다. 여유를 통해 삶을 살아가는 맛을 느낄 수 있다. 나누고 베푸는 것은 꼭 물질적인 것만 있는 것은 아니다. 따뜻한 말 한마디가 사람의 목숨을 살릴 수 있고 어려운 사람에게 힘이 될 수 있다. 물질적인 것을 나누어 주는 것보다 밝은 미소, 사랑스런 눈빛을 다른 사람에게 주자.

뿌린 대로 거두는 것이고, 주면 다시 돌아온다는 것이 자연의 섭리이다. 나누어 주는 연습은 풍요의 마음을 만든다. 살기가 팍팍하다 보니, 더더욱 계산기를 두드리게 된다. 하지만 계산기를 두드리는 순간 우리 모두 손해를 보고 불행해진다.

⑦ 독서로 삶의 참맛을 느끼자

나이가 들어가면 기억력이 떨어진다. 독서와 운동으로 뇌세포를 살려야 한다. 배움을 멈추는 순간 우리 뇌는 노화된다. 나이가 들어서 노인이 되는 것이 아니다. 새로운 도전과 배움이 멈추기 때문에 노인이 되는 것이다. 뇌가 노화되지 않도록 새로운 지식을 주입시켜야 한다.

책 한 권에는 작가가 그동안 한 독서와 몇 십 년의 경험이 들어간다. 책을 통해 한 사람이 일군 인생과 몇 십 년의 내공을 내 것으로 만들 수 있다. 한 분야의 책을 20권만 읽어도 그 분야의 최고의 고수가 될 것이다.

나도 책을 많이 읽으려고 노력한다. 요즘은 오디오북을 많이 듣는다. 충청남도 당진에서 지역본부장으로 근무하던 2년 동안 주말부부 생활을 했다. 일요일 저녁에 차를 끌고 목동 집에서 당진으로 출발했고 금요일 저녁에는 당진에서 목동으로 출발했다. 서해안고속도로로 110킬로미터 정도 거리지만 그때나 지금이나 항상 차량이 많아 이동 시간은 2~3시간이 소요되었다. 2~3시간 운전하는 동안 오디오북으로 사마천의 《사기》와 《데일 카네기의 인간관계론》 등을 자주 들었다. 사기는 너무 재미있고 스릴이 있어서 집에 도착했어도 식음을 마다하고 계속 들었던 기억이 생생하다. 소설을 읽어주는 오디오 북은 진땀나게 했고 상상력으로 시간 가는 줄 모르고 들었다.

책 속에 길이 있고 인생의 노하우가 들어 있다. 드라마를 보는 시간에 책을 읽자. 나의 경우는 독서를 통해 마음을 가다듬고 재충전의 시간을 갖기도 한다. 힘이 들고 마음이 흔들릴 때 읽는 양서는 한결 마음을 가볍게 해준다. 독서는 사람의 내면을 성장시켜 줄 뿐만 아니라 남들의 시선까지 좋게 바꾸어 준다. 책 한 권을 들고 조용한 카페에 가서 읽어 보자. 누구의 방해도 받지 않는 공간에서 커피의 향기와 더불어 책을 읽자. 독서는 품격 있는 일이며, 독서의 시간을 통해 삶이 풍성해질 수 있다.

: : 책 한 권에 자신의 인생을 브랜딩해 보자

글쓰기는 머릿속 지식과 경험, 생각을 글로 표현하는 것이다. 아무리 아는 것도 많고 경험이 풍부해도 글로 표현하지 않으면 다른 사람에게 알릴 방법이 없다. 일기 쓰기부터 시작하여 특별한 주제를 정해놓고 글쓰기를 자주 하자. 나는 코로나19 상황 이후로 주말마다 집 근처 스터디카페에서 책을 읽고 일주일을 정리하는 글을 쓴다. 독서로 머리를 채우고 생각과 마음을 한 문장 한 문장 정리했다는 뿌듯함을 안고 집으로 돌아간다.

자신의 인생 경험과 전문성을 가지고 영향력을 미치고 싶다는 포부가 있다면 책 쓰기는 필수이다. 책은 특별한 사람이 쓰는 것이 아니다. 유명 작가가 아니더라도 자신만의 이야기와 콘텐츠가 있다면 누구나 책을 쓸 수 있다.

이 책을 쓰면서 출판업계 사람들의 이야기를 들어보면 한 권 쓰기가 어렵지, 한 권을 쓰고 나면 두 권, 세 권 계속해서 쓴다고 한다. 책을 낸다는 것은 자신의 존재감을 세상에 드러내는 일이다. 일단 책을 쓰면 이곳저곳에서 강의 요청도 들어온다고 한다. 저자와 강사라는 타이틀을 달 수 있다. 자신을 브랜드화할 수 있다. 도전해 보자.

02

행복이란 열심히 노력해서 도달해야 할 가치이다

하루하루 일상을 살아가면서 가끔 내가 잘살고 있는지 생각해 본다. 반복되는 일상에서 한번쯤 자신을 되돌아보고 잘살고 있는지 살펴볼 필요가 있다. 돈을 쫓느라 더 중요한 것을 놓치며 살고 있지 않는지, 밤낮으로 일하고 권력과 명예 또는 사랑을 쫓으며 살아가고 있는 것은 아닌지, 무엇이 진정 행복한 인생인지, 얼마나 가치 있게 살아가고 있는지 등등 무엇이 좋은 삶인지 생각해 볼 필요가 있다.

우리나라는 급속한 경제 발전으로 물질적인 삶의 질은 많이 나아졌다. 지난 70년간 열심히 일하여 국내총생산(GDP)이 세계 10위권이다. 그러나 치열한 경쟁 환경으로 정서적으로는 빈곤한 상태이다. 소유와 행복 관계를 잘 나타내는 것이 국가별 행복지수인데 우리나라의 행복지수는 세계행복지수 평가에서 2020년 기준 OECD 37개 회원국 중 35위로 최하위이다. 반면 자살률은 OECD 국가 중 1위이다. 2020년도 우리나라 자살률은 하루 36명꼴이다. 대부분 우울증과 정신질환 등이 원인이라고 한다. 우리는 남들과 비교하고 시기하고 좌절한다. 줄을 세우고 1등만 기억한다. 청소년 행복도 OECD 국가 중 최하위이고 출산율도 세계 최하위이다. 삶의 만족도가 전반적으로 최하위 수준인 셈이다.

경제적으로는 살기 좋아졌고 경제적 수치는 좋아졌지만 내면의 풍요는 빈약하다. 살기는 과거보다 훨씬 좋아졌지만 행복도는 떨어졌다. 돈이 행복의 지표가 아니고 권력과 지위도 행복의 지표가 아니다. 내면에 있는 정서적인 풍요가 필요하다. 사랑의 가치, 봉사의 가치, 문화의 가치, 긍정적인 감정, 좋은 관계로 사람들 사이에서 행복을 찾아야 한다. 너무 소유하려고 해서도 안 된다. 소유의 삶은 결코 행복을 가져올 수 없다

: : 소유가 아닌 존재의 삶을 살자

《소유냐 존재냐》에서는 소유의 삶이 아니라 존재의 삶이 행복으로 이끈다고 말한다. 소유의 삶은 결코 행복을 가져올 수 없다고 한다. 돈과 지위, 권력을 소유하려는 삶은 끝없이 추구하고 만족을 이루지 못하기에 존재의 삶이 필요하다고 강조한다.

소유 지향은 돈, 명예, 권력에의 탐욕이 삶의 주체가 되어 버린다.

사랑 역시 소유하는 형태이면 사랑하는 대상을 구속하고 지배하려고 한다. 이런 사랑은 사랑의 본질을 잊게 하고 상대방에 집착하게 된다. 결혼도 마찬가지다. 소유하는 사랑은 상대방의 육체와 감정을 독점하려고 한다. 두 사람 사이에 사랑을 위한 노력도 하지 않고, 사랑스런 존재가 되려고 노력하지 않는다. 사랑은 소유하는 것이 아니고 존재하는 것이다. 늘 아끼고 사랑하고 그 속에서 행복을 느껴야 한다.

소유를 목적으로 살면 소유를 잃을 경우 패배감을 느끼고 좌절한다. 또한 내가 가지고 있는 것을 잃을까 봐 조바심이 나기 마련이다. 무언가 잃을까 봐 끊임없이 걱정이 쌓이고 만성적인 우울증에 시달리게 된다. 소유하고자 하는 욕심 때문에 의심이 많아지고 방어적인 자세가 되며 결국 외로워지게 된다.

: : 삶의 목표는 무엇인가

소유(to have)의 삶이 지식을 축적하고, 인맥을 쌓고, 월급을 받는 삶이라면 존재(to be)의 삶은 공부를 통해 깨달음을 얻고, 사람을 알아가고, 일의 보람을 얻는 삶이다. 내 삶의 목적은 무엇인가? 행복을 추구하는 것이다. 누구나 행복하기를 원한다. 삶은 행복을 위한 수단이다. 아리스토텔레스의 말을 떠올려 보자. '행복은 삶의 의미이고 목표이자 존재의 이유이다.' 무엇이 진정한 행복일까? 아리스토텔레스는 행복이란 편안히 누리는 것이 아니라 열심히 노력해서 도달해야 할 가치라고 했다.

행복은 저절로 오지 않는다. 내가 선택하는 것이다. 이기심과 탐욕으로 살아가는 인생은 결코 만족할 수 없다. 삶의 본질은 소유의 극대화가 아니다. 과정이며 존재의 극대화이다. 웰빙(Well-being)은 몸과 마음의 편안함과 행복을 추구하는 일이다. 풍요와 함께 아름다운 인생으로 잘사는 것이다. 다른 사람과 비교하지 않고 심신이 조화로운 내면의 건강이 중요하다. 내면의 건강으로 몸과 마음, 가정과 사회, 자신과 공동체 등과 조화롭게 살아가는 것이 중요하다.

: : 올바르게 살자

선한 일을 하고 나면 마음이 넉넉해지고 왠지 모르게 우쭐해진다. 올바르지 못한 일을 하게 되면 심신이 편하지 못하다. 그런 마음이 없다면 양심이 없는 사람일 것이다. 법을 지켜야 하지만 그 이전에 도덕적이어야 하고 도덕이라는 잣대 이전에 양심이 있어야 한다.

양심에 어긋남이 없을 때 내 영혼이 자유로워지게 된다. 당당하고 정의롭게 살아야 한다. 잘못한 일이 있으면 심리적으로 위축되는 것이 정상적인 사람이다. 자신의 삶이 올바르면 주변에 좋은 사람들이 모일 것이고 삶이 행복해질 것이라고 나는 믿는다.

아돌프 아이히만의 이야기를 보자. 아돌프 아이히만은 독일 나치의 친위장교였다. 제2차 세계대전 중 독일과 독일이 점령한 국가에서 유태인을 체포하고 강제 이주시키는 계획을 실행한 인물이다. 아이히만은 독일의 항복 후 가족과 함께 아르헨티나로 도망쳐 리카르도 클레멘트라는 가짜 이름으로 생활했다. 1960년 5월 이스라엘 비밀요원들에 의해 체포당해 이스라엘로 끌려오기까지 부에노스아이레스 근교의 자동차 공장에서 기계공으로 15년을 살았다. 1961년 12월 예루살렘의 법정에 선 아이히만은 '유태인 학살에 책임을 느끼냐'는 질문에 자신은 무죄라고 주장했다. "저는 억울합니다. 저는 남에게 해를 끼치는 것엔 아무 관심이 없습니다. 제가 관심 있는 건 맡은 일을 잘 해내는 것뿐입니다."

하지만 그의 주장은 받아들여지지 않았고, 전쟁이 끝나고 17년 만에 교수형에 처해졌다. 그는 살면서 단 한 번도 법을 어긴 적이 없고 언제 어디서든 최선을 다했던 사람이다. 그는 퇴근길 버스정거장에서 체포되었다. 그는 법정에서 이렇게 항변했다. "저는 지시받은 업무를 잘 처리하기 위해서 열심히 일했을 뿐입니다." 이 재판을 끝까지 지켜본 철학자 한나 아렌트는 '악의 평범성'에 대해 이야기한다. "그는 아주 근면한 인간이다. 그러나 자신이 기계적으로 하는 일에 비판적으로 사고하지 않는 무사유, 그 자체가 악이다."

아이히만이 유죄인 것은 그가 악에 대해 생각이 없었기 때문이다. 그가 타인의 고통을 헤아릴 줄 모르는 무능한 생각이 그런 행동을 낳았다. 본인이 하는 일이 어떤 영향을 미치는지 사유하지 않았다는 것이 죄인 것이다.

아이히만의 사례를 들지 않더라도 우리는 바르게 살아야 한다. 타인의 고통을 나눌 줄 알아야 한다. 그것이 스스로를 당당하게 한다.

순간은 손해가 날지 몰라도 결코 손해가 아니다. 내가 올바르지 못하면 결국 내 영혼이 자유롭지 못할 것이다. 사필귀정이라고 한다.

시간이 지나면 반드시 올바른 것이 이기게 된다. '견리사의'라는 말을 나는 좋아한다. 이익에 앞서 의로움을 생각하라는 말이다. 세상에 존재하는 모든 종교는 올바르고 의로운 사람은 반드시 복을 받는다고 가르친다.

: : 봉사 후에 우리는 왜 우쭐해지는 걸까

남을 돕는 것은 자신을 긍정적으로 변화시키고 행복하게 만들어준다. 헬퍼스 하이(Help's High)는 남을 돕거나 봉사 후 느끼는 심리적 만족감이나 행복감이 며칠 동안 또는 몇 주 동안 지속되는 현상을 말한다. 헬퍼스 하이는 의학적 실험에서도 밝혀졌다. 자원봉사를 한 후에 참가자들은 혈압과 콜레스테롤 수치가 현저히 떨어지고, 기쁨을 관장하는 엔도르핀 호르몬이 정상치의 3배 이상 분비되어 가슴에 따뜻한 열기와 힘이 솟아나는 걸 느낄 수 있었다고 한다.

몸과 마음에 활력이 넘치고 평온하고 고요한 가운데 생명력이 솟아나는 현상을 마라톤 주자들이 느끼는 황홀감인 러너스 하이(Runners' High)에 빗대어 헬퍼스 하이라고 부른다. 누군가를 도와주는 실험 참가자는 그렇지 않은 참가자에 비해 40~60% 정도 수명이 더 긴 것으로 조사되었다.

: : 긍정적인 마음으로 살자

살다 보면 화처럼 보이는 것이 복이 되기도 하고, 좋다고 생각한 일이 화로 돌아오는 경우를 많이 본다. 자신의 삶을 행복으로 이끄는 유일한 길은 만족하지 못하는 나를 내려놓는 방법이다. 그리고 나를 내려놓는 가장 좋은 방법은 타인을 이롭게 하는 것이다. 가족, 친구, 동료 등 가까운 사람부터 도울 수 있어야 한다. 이것은 손해 보는 것이 아니다. 돕는 것이야말로 마음을 즐겁게 하는 일이다.

선의지로 살아야 하고, 다른 사람을 위해 도움을 줄 수 있어야 한다. 그것은 결국 나의 엔도르핀을 솟아나게 하는 것이고 내가 행복해지는 일이다.

소유하려는 욕망에서 존재하는 것에 의미를 찾는 것이 필요하다. 그것은 이웃과 좋은 관계 속에 내 존재의 의미를 찾는 것이다. 나 혼자 잘살겠다는 것은 자신과 이웃을 파멸시킨다. 내가 선의지로 타인과 함께 하면 내 주변은 긍정적이고 선의지를 가진 사람들이 모일 것이고 내 삶은 풍요로워지게 된다.

위드 코로나 시대,
어떻게 준비하고
살아갈 것인가

건강하고 행복하게 살아가려면 항상 움직이고 책을 읽고 취미생활을 해야 한다. 코로나19가 우리의 일상을 삼켜 버렸다. 코로나와 함께 어떻게 살아갈지 생각해 본다. 코로나19로 사람을 만나기가 두려운 것이 현실이다. 사람 만나기 어려운 시기에 운동을 하고 책을 읽고 글을 쓰고 취미생활로 건강한 삶을 만들어 보자.

: : 인간은 움직여야 하는 존재다

사람은 움직여야 에너지가 생기도록 진화하여 왔다. 움직이면 에너지가 생기고 활력이 생긴다. 지치고 힘들 때 집안에서 그냥 뒹굴

면 더욱 스트레스가 생기는 것을 경험했을 것이다. 《움직임의 힘》에
서는 운동을 하면 얻을 수 있는 것과 운동을 효율적으로 할 수 있는
여건에 대해 이야기한다. 또한 인간 본성에 관하여 우리는 '움직이는
존재'라는 사실을 깨닫게 한다. 인간은 원래 야수다.

　인류는 원시시대부터 수렵과 채집으로 생존해 왔으며 수렵과 채
집으로 몸을 단련해 왔다. 우리 DNA는 움직여야 병이 생기지 않도
록 만들어졌다. 육신의 병은 약으로 다스릴 수 있지만 정신의 병은
약으로 다스리기 어렵다. 건강한 정신을 위해서도 움직이고 운동하
여야 한다. 인류는 정적인 활동으로 보낸 역사가 없다. 움직이면 인
간은 즐거움을 느낄 수 있다. 하루 30분 이상 뛰어라. 하루 30분은
성공을 위한 뜀박질이다. 무슨 일을 하든지 에너지가 필요한데 뛰면
많은 에너지를 얻을 수 있다. 매일 운동을 하면 우울증이 뿌리 내리
기가 어렵다.

　움직임은 땀을 흘려 스트레스를 날려 버린다. 몸의 움직임이 엔도
르핀을 솟게 하여 정신을 건강하게 만들고 도파민을 배출하여 마음
을 행복하게 한다. 몸과 마음은 상호 연결되어 있다. 몸과 마음의 근
육을 쌓자. 우리 뇌는 1천억 개의 뉴런으로 구성되어 있다. 하루에 5
분이라도 운동을 한다면 뇌세포 100개~150개가 생성된다. 그만큼
뇌가 건강해지고 새로워진다. 좋은 생각과 운동으로 건강한 심신을
만들자. 마음이 몸을 지배하기도 하지만 몸이 마음을 이끌기도 한다.

　코로나19는 나의 일상을 완전히 바꾸었다. 나는 헬스클럽에서 부
지런히 몸을 만들고 매일 30분 이상은 운동장에서 걷고 달린다. 뜀박

질은 항상 기분을 상승시키고 살맛나게 한다. 몸의 건강을 위해 뜀박질을 매일 30분 이상 한다. 코로나19 시대에 움직임으로 야성을 회복하자.

: : 인간은 죽을 때까지 배워야 한다

배움에 관한 욕구가 사라지는 순간 그 사람의 한계는 거기까지가 된다. 독서는 내면의 힘을 키우고 지식과 지혜를 준다. 책 읽을 시간이 없다는 것은 핑계이다. 집안에서 짬짬이, 여행을 가서도 아침저녁 여유시간에 얼마든지 책 읽을 시간을 낼 수 있다. 침대 머리맡에 읽고 싶은 책을 쌓아두고 수시로 펴보자. 마음만 먹으면 얼마든지 할 수 있다.

101세의 학자 김형석 교수는 사람은 학습하고 성장하는 동안은 늙지 않는다고 하였다. 노년은 언제부터 시작되는가? 새로운 것에 도전하지 않고 공부하지 않으면 늙은이라고 했다. 사람은 성장하는 동안은 늙지 않는다. 우리 사회는 너무 일찍 성장을 포기하는 젊은 늙은이들이 많다. 40대도 공부하지 않고 일을 포기하면 녹스는 기계와 같아서 노쇠하게 된다. 60대가 되어서도 진지하게 공부하며 일하는 사람은 성장을 멈추지 않는다.

우리 삶은 의사결정의 연속이다. 책을 통해 지식과 지혜를 쌓으면 삶의 갈림길에서 지혜로운 선택을 하는 데 도움을 받을 수 있다. 독서를 통해서 생각하는 힘, 나와 타인을 이해하는 유연성을 가질 수 있다. 탄탄한 내공을 쌓아 어떤 위기에도 흔들리지 않을 삶을 살기 위해서는 반드시 책을 읽어야 한다. 나는 주말에는 집 주변 카페에 가서 책 읽는 소소한 즐거움을 느낀다. 음식이 몸의 양식이듯 글이란 마음의 양식이다. 무엇을 먹었느냐가 내 몸을 결정하고 무엇을 읽었느냐가 내 마음을 결정한다.

롱런(Long Run)하려면 롱런(Long Learn)하여야 한다. 배움을 멈추는 순간 노화된다. 나이가 들어서 노인이 되는 것은 아니다. 도전과 배움이 없기 때문이다.

:: 취미생활하기

나는 매주말이면 아내한테 피아노를 배운다. 느지막하게 악기 배우기가 싫지 않지만 그 재미 또한 쏠쏠하다. 악기 배우기는 뇌 발달에 도움이 되는 것 같다. 이제 악보 난독증에서 슬슬 벗어나는 느낌이다. 사용하지 않던 손가락을 사용하려니 생각대로 움직이지 않아, 유명한 피아니스트를 보면 엄청 위대해 보인다. 그들이 많은 시간 정열을 불태운 것이 상상된다. 코로나19를 겪으면서 혼자서 즐기면서 유익한 시간을 보낼 수 있도록 취미생활을 해 보자. 가족과 함께 취미생활을 하며 함께 시간을 보내는 것도 소확행의 재미일 것이다.

:: 좋은 이웃을 만들고 좋은 이웃이 되자

인류는 수만 년 전부터 환경에 적응하고 세상을 변화시키며 진화하여 왔다. 그래서 인류는 지금의 위기도 잘 극복하고 새로운 세상을 만들어 낼 것이라고 나는 생각한다. 언택트(Untact) 시대에 새로운 소통 도구들로 주변에 사랑과 감사와 따뜻한 위로를 전해 살맛나는 공동체를 만들어 가자.

'근주자적近朱者赤 근묵자흑近墨者黑'이라 했다. 주변에 어떤 사람이 있는가에 따라 우리 삶이 영향을 받는다. 어려움을 겪는 분들에게 위로를 주고 공동체의 일원으로 사랑과 감사를 나누자. 내 이웃과 가족의 행복은 나의 행복으로 되돌아온다. 몸과 마음의 근육을 쌓아가고 좋은 생각과 운동으로 건강한 자기를 만들자. 함께하는 이웃을 배려하고 힘든 시기에 어려움에 처한 분들의 건강, 사랑, 행복을 빌어보자.

위기가 주는 고통을
이겨내면 또 다른 길이
열린다

직장생활이나 사회생활 동안 누구나 한두 번쯤 어려움이나 위기에 봉착한다. 선의로 한 행동이 오해를 부르기도 하며 예상치 못한 일들이 눈앞에 닥쳐 당황하기도 한다. 살다 보면 누구나 절망적인 상황과 마주친다. 눈앞이 깜깜해져 포기하고픈 생각이 들 때가 있다. 위기의 순간에는 삶의 의미를 잃어버리고 자신의 중심을 잃어버린다. 그러나 자신의 존재 의미를 분명히 알고 긍정적인 마음을 유지하면 최종적인 순간에 자신을 회복할 수 있다.

데일리 카네기의 인생 지침을 정리한 《아직, 끝나지 않았다》에서 공감 가는 내용이 있어 옮겨 본다.

떡 벌어진 체격의 50대 남자가 길을 걷고 있다. 그는 바쁜 몸짓으로 지하철 입구를 향해 걷는다. 뭔가 즐거운 일이라도 있는 듯 밝은 표정이다. 그런데 지하철 입구에 막 도착했을 때 순식간에 트럭 한대가 인도로 뛰어들어 그를 들이받는다. 그는 나무토막처럼 쓰러지고 곧 지나가던 사람들이 그에게 달려간다. 그러나 이미 때는 늦어서 그는 곧 숨을 거둔다.

자, 이제 장면을 뉴욕 병원의 로비로 옮겨보자.

흰 가운을 입은 쾌활한 젊은 남자가 보인다. 그는 막 인턴 발령을 받은 기쁨과 처음으로 입은 의사 가운을 아버지에게 보여 주게 되었다는 자랑스러움으로 몹시 들떠 있다. 아버지는 곧 도착할 예정이다. 그는 자기 자신이 자랑스럽고 만족스럽다. 그런데 약속시간이 지났는데 아버지가 나타나지 않는다. 조금씩 초조해진다. 이윽고 어디론가 전화를 건다. "여보세요?"

몇 마디 대화를 나누던 그의 얼굴이 새파랗게 질린다. 두 줄기 눈물이 뺨을 적신다. 아버지가 교통사고를 당해 돌아가셨다고 한다. 그는 수화기를 떨어뜨린 채 터벅터벅 걸어간다. 절망과 분노에 가득 찬 그의 눈에서 하염없이 눈물이 떨어진다.

그 젊은 인턴이 바로 나였다. 그리고 교통사고로 돌아가신 그분이 내가 진정으로 사랑하고 존경했던 나의 아버지였다. 나는 그때 아버지의 돌아가심과 함께 내 인생이 완전히 끝났다고 생각했다. 아버지를 잃은 충격을 극복할 수 없었다. 슬픔에 빠진 나는 뭔가 회복하려는 것 자체가 혐오스러웠다. 그리고 사고에 대한 공포심에 사로잡혔다. 나는 식음을 전폐하다시피 했고 밤잠도 제대로 잘 수 없었다. 외

출도 철저히 피했다. 당연히 사람들을 만나기 싫었다. 그런 세월이 몇 개월 지속되었다. 지금 생각해 보면 정신적으로 자살한 것이나 다름없는 상태였다.

그러던 어느 날 아침, 갑자기 이런 생각이 들었다.

"아버지는 의사가 된 아들의 모습을 직접 보지 못했다. 그러나 아버지는 아들을 의사로 만들어야겠다는 꿈을 이루신 것이다. 그 꿈을 위해 당신은 형언하기 어려운 고생을 했다. 나는 아버지의 고생이 결코 무의미한 것이 아니었음을 보여 주어야 한다. 내게 주어진 일과 생활을 계속해야 한다. 나에게는 반드시 해야만 하는 일이 있다.

그 생각 이후 나는 사고 이전의 일상으로 돌아갈 수 있었다. 친구들을 만나기 시작했고, 웃음 가득한 얼굴로 그들과 즐거운 대화를 나누기도 했다. 사고 이후 나의 정신은 산산이 부서져 흩어진 파편과 같은 것이다. 그러나 이제 그 생각의 파편들이 다시 모여 원형을 회복했던 것이다.

나는 이 글을 읽으면서 어떠한 불행한 일, 불안정한 상태에 있더라도 스스로 일어날 수 있어야 한다고 생각했다. 우리 일상에서 언제나 예측하지 못한 일이 일어날 수 있고 그것이 우리를 위기에 빠뜨릴 수 있다. 그러나 회복해야 한다. 그 회복의 힘은 자신의 내면에 있다. 그 원천은 내부에 형성되어 있는 확고한 자아상이고 긍정적인 마음이 힘이고 믿음이라고 생각한다.

우리의 일상에서 예측불가하고 변화무쌍한 인간사가 펼쳐지기에 갑작스런 질병, 사고 등으로 고뇌의 시간을 가지기도 한다. 세상일이 항상 좋은 날만 있는 것이 아니라 슬프고 우울한 일들을 많이 겪기도 한다. 항상 따스한 햇볕이 내리쬐는 날씨만 있는 것이 아니라 천둥, 번개, 폭풍우가 치기도 한다. 하지만 이 또한 지나가고 또다시 세상은 따스한 햇볕의 내일을 기다릴 것이다. 항상 햇볕이 내리쬐면 사막이 된다는 말이 있다. 비 온 뒤에 땅이 굳어지고 또다시 햇볕이 내리쬐었을 때 햇볕의 고마움을 알 수 있다.

: : 사소한 오해 때문에 벌어진 위기를 이겨내다

사람 사는 세상은 가정에서나 사회에서나 직장에서나 갈등의 연속이라고도 할 수 있다. 부모자식, 형제간에도 갈등이 있고 직장 내에서도 갈등이 상존하다. 직장생활에서 항상 좋은 일만 일어나지는 않는다. 모든 사람이 자신과 같은 생각을 하지는 않기 때문이다. 서로의 이익이 상충될 때 갈등에 노출된다. 인간은 누구나 자기의 이익을 위해 이기심으로 행동하기에 갈등이 발생하기도 한다. 예기치 못한 일이 생겼을 때 자신을 단련시키고 자극시킨다고 생각하면 발전된 모습으로 성장할 수 있다.

나에게도 고통스러운 일이 있었다. 직원들을 생각해서 선의로 했던 말들이 문제가 되었던 경험이 있다. 항상 좋은 선배가 되려고 노력했고 솔선수범하려고 했으나 결과는 다르게 나타났다. 과거 후배들과 술자리, 식사자리에서 대화 중 오갔던 말들 중 일부가 누군가의 귀에 거슬렸던 모양이다. 가슴이 답답하고 저미는 시간을 보낸 적이 있다. 그러나 나는 선의지를 가지고 살아왔고 나의 선한 마음에 부끄럼이 없다. 나는 선의지를 가지고 살아가는 사람을 좋아한다. 나는 긍정적으로 생각하고 다시 회복하고 새로운 꿈을 꾸게 되었다.

이런 일을 계기로 자신을 돌아볼 수 있었고 성장의 발판이 되었다. 어려운 일들을 겪으면서 다시 한 번 옷깃을 여미고 사람에 대한 이해와 리더십에 대해서 생각하게 되었다.

대부분 부하 직원들은 상사에게 부정적인 이야기를 잘하지 않는다. 상사는 듣기 좋은 이야기를 많이 듣게 되고 본인의 리더십이 훌륭하다고 생각하게 된다. 직원들에게서 본인이 존경받는다고 판단하기 쉽다. 사람은 신이 아닌 이상 완벽할 수 없다. 누구나 장점과 약점을 가지고 있다. 장점을 잘 발전시키고 단점을 보완해야 한다. 항상 자신을 다듬어주고 부족한 점을 이야기해 줄 수 있는 멘토나 동료, 선후배가 직장생활에서 꼭 필요하다.

: : 고난은 스스로를 돌아볼 기회를 준다

봄이 오면 호미로 땅을 파고 흙을 뒤섞는 밭갈이 작업을 한다. 밭식물이 잘 자라게 하기 위해 땅을 자극한다. 봄에 바람이 많이 부는 것은 바람이 나뭇가지를 자극해서 잎이 빨리 자라게 하기 위함이다. 어려운 일들은 자신을 자극하여 성장시키고 발전의 동력으로 만들어준다.

어찌 보면 나는 힘들고 괴로웠지만 그 일 덕분에 많이 성장하였고 스스로를 되돌아볼 계기를 얻었다. 그리고 새로운 목표가 생기게 되었다. 더 좋은 리더가 되기로 마음먹었고 글도 쓰면서 더욱 내 자신을 뒤돌아본다.

큰 그림으로 자신을 바라보고 항상 자신을 뒤돌아볼 수 있는 자세가 필요하다. 동료직원들의 목소리에 귀를 기울이는 자세를 배웠다. 누구나 자극을 받으면 아프지만 그것을 딛고 일어서면 그만큼 실력이 자라나고 있는 셈이다.

베푸는
삶이 행복으로
가는 길

살아가면서 주변을 보면 돈에 관한 사연들이 많이 있다. 흔히 '친구하고 돈 거래 하지 말라'고 한다. 차라리 어려운 친구가 있으면 되돌려 받을 생각하지 말고 그냥 도와주라고 한다. 나도 이에 대해 익히 잘 알고 있었지만 어쩔 수 없이 경험하게 된 일이 있다.

수년 전 일이다. 수십 년 만에 친구가 연락이 와서 한두 번 식사를 하고 소주잔도 기울였다. 그 친구는 외모도 깔끔하고 호감 가는 인상이어서 학창시절 여학생들에게 인기가 좋았다. 학창시절 사귀던 친구와 결혼하고 잘살고 있다고 하였다. 친구는 나에게 자신이 유력 인사들을 많이 안다고 하면서 소개해 준다고 하였다. 은행 지점장이던 나에게 돈 많은 고객을 소개해 준다고 큰소리를 치기도 했다.

그러던 어느 날 갑자기 돈이 필요하다며 전화가 왔다. 자기가 회사 회장의 최측근인데 갑자기 회장이 현금을 요청한다면서 돈을 빌려 달라고 했다. 나는 회사의 일이면 회사에서 처리해야지 왜 개인이 처리하냐며, 처음에는 거절을 하였다. 하지만 그 목소리가 간절하고 금액이 크지 않아 도와준다는 생각으로 그 금액을 송금해 주었다. 그 후 일주일 정도 뒤에 다시 전화가 왔다. 또 급한 일이 있다고 돈을 빌려 주길 요청했다. 나는 수상히 여겨 단호히 거절했다. 그 뒤로 그 친구와는 아무리 연락해도 연락이 되지 않았다. 나중에 들은 이야기지만 그 친구는 신용불량이었고 어느 친구와도 전혀 연락이 되지 않는다는 것이었다.

친구 간에는 돈 거래 하지 말고 어려운 친구가 있으면 그냥 도우라는 말이 새삼 떠올랐다. 세상살이 어렵게 사는 사람이 많다는 생각을 다시 한 번 하게 된다. 사람이 나쁜 것이 아니라 돈이 문제였다. 나는 그런 이후에는 돈 거래를 하지 않는다. 어려운 친구가 있으면 없는 셈치고 그냥 주기로 했다. 친구 잃고 돈 잃는다는 말이 꼭 맞는 말이다. 돈에 대해서 여러 가지 생각해 보게 된다.

: : 돈으로 내면의 가치를 살 수 없다

사람들은 돈이 많으면 행복할 것이라고 한다. 하지만 돈은 물질적인 가치이다. 은행 잔고가 아무리 많더라도 정서적 가치, 내면의 가치가 충족되지 않으면 허무함을 느낀다. 사람들은 사랑, 행복, 타인으로부터 인정 등을 추구하며 살아간다. 이런 것은 물질적으로 충족시킬 수 없다. 사람들 사이에서 오고 가는 밝은 미소, 따뜻한 눈빛, 친절한 말 한마디는 우리를 건강하고 행복하게 만들어 준다. 이런 것은 물질적인 가치로 대체되지 못한다. 우리가 공부를 하고 책을 읽고 음악을 하고 그림을 그리는 등의 행위는 정서적, 문화적인 가치를 만들어 낸다.

행복지수와 관련해서 미국, 유럽 같은 선진국보다 네팔, 부탄 등 가난한 나라 국민들이 행복지수가 높다는 것은 유명하다. 가난하지만 이웃과 서로 도우며 살고, 더불어 일하고 인간적인 친밀도가 높아서 그럴 것이다. 다른 사람과 비교하면 열등감을 느끼고 불행하다고 생각하게 된다. 비교하는 삶은 자신과 이웃을 비참하게 만든다.

:: 우리는 과거보다 행복해졌을까?

자신의 존재 의미를 물질의 가치로 평가하면 안 된다. 내면의 힘을 키워야 한다. 우리는 예전보다 훨씬 살기 좋아졌고 부족함이 없이 풍요롭게 살고 있지만 여전히 불안하고 경쟁하면서 치열하게 살아가고 있다. 그래서 더욱 진정한 행복에 대하여 생각해 볼 필요가 있다. 불과 50~60년 전만 해도 보릿고개, 기근 등으로 당장 먹고 살기도 힘들었다. 자동차를 산다거나 해외로 여행을 가는 것은 꿈도 못 꾸었다. 지금은 전국이 일일생활권이고 전 세계를 내 집처럼 드나들 수 있게 되었다. 과거보다 풍요롭게 살고 있지만 사람들은 예전보다 행복한 삶을 살지 못하고 있다.

돈이 많아지고 생활이 윤택해질수록 행복지수는 떨어진다는 연구 결과가 있다. 돈으로 행복을 살 수는 없는 것이다. 부자라고 해서 가난한 사람보다는 행복한 것은 아니다. 쇼펜하우어는 이렇게 말했다. '부란 바닷물과 비슷하다. 마시면 마실수록 갈증을 느끼게 된다.' 돈을 추구하다가 더 많은 것을 놓치고 있지는 않은지 되돌아볼 필요가 있다.

예전에 동료가 부자나 재벌은 걱정거리가 더 많아 근심걱정이 많아져 불행해할 것이라는 이야기를 해서 공감한 적이 있다. 재산을 지키기 위해 고민거리가 많고 신경 써야 할 일이 많다는 이야기이다. 돈은 많은 문제를 해결해 주지만 돈 자체가 행복을 결정해 주지 못한다. 중요한 것은 돈이 얼마나 많은지가 아니라 사람의 마음가짐에 있다. 타인을 배려하고 나누며 함께할 때 결국은 나의 행복도가 높아진다는 진리를 살면서 깨닫게 된다. 행복은 멀리 있는 것이 아니다. 주변 사람들과 함께하고 나누면서 동행할 때 행복이 커진다. 돈은 행복의 수단이지 절대 목적이 될 수 없다

: : 가장 살기 좋은 곳은 좋은 이웃과 함께 사는 곳

몇 년 사이 아파트 가격 상승으로 상대적 박탈감에 허탈해 하는 사람이 많다. '벼락거지'가 되었다며 한탄하는 사람들도 많다. 저금리로 투자처를 못 찾는 유동성 자금이 풍부한 사람은 그들 나름대로 고

민이 많다. 이런저런 세상을 바라보며 여러 가지 생각이 겹치게 된다.

건강하게 이웃과 더불어 나눔의 삶을 사는 것이 행복의 길이 아닐까 생각한다. 인간의 탐욕은 끝이 없어 아무리 많아도 더 가지고 싶고, 더 많은 것을 원한다. 탐욕의 항아리에 구멍을 막고 행복을 채워 넣어야 한다. 돈은 행복의 필요조건이지 충분조건은 아니다. 주변을 사랑하고 도움을 주고 타인을 이롭게 하는 것이 자신의 행복이라고 한다. 배려하고 칭찬하면 자기 주변은 좋은 기운인 행복 바이러스가 넘쳐나게 된다. 그 행복 바이러스는 결국 나에게 되돌아온다.

: : 베푸는 삶이 행복으로 가는 길

우리는 돈도 권력도 '한순간'인 것을 많이 보아 왔다. 돈과 권력을 가진 유명인들이 하루아침에 삶을 마감하는 모습을 보면 진정 무엇이 중요한지 생각하게 한다. 인생은 '화무십일홍'이고 '새옹지마'라는 말이 생각난다. 마음을 크고 넓게 쓰는, 베푸는 삶이 행복으로 가는 길일 것이다.

삶의 궁극적인 목적은 행복을 추구하는 것이다. 우리를 행복하고 건강하게 만드는 것은 돈과 권력이 아니라 이웃과 좋은 관계이다. 이웃을 위해 봉사하고 희생하면 엔도르핀이 솟아나고 옥시토신이 분비된다. 세상에서 가장 살기 좋은 곳은 가장 경치가 좋은 곳이 아니다. 좋은 이웃과 함께 더불어 살아가는 곳이다. 인생은 유한하다. 물질적인 가치보다는 정서적인 가치에 마음을 주고 자신의 삶을 되돌아보고 행복한 여정을 만들어 보자.

06

매력 있는
사람 곁에
사람이 모인다

내가 평소 존경하는 한 분은 항상 밝고 환한 얼굴이다. 같이 있으면 나도 기분이 좋고 덩달아 밝아지는 느낌이다. 나도 누군가를 만났을 때 많이 듣는 이야기가 '인상이 좋다'는 말이다. 나는 그런 소리를 들을 때 기분이 좋다. 항상 긍정적인 삶의 태도를 유지하고 선의지를 가지고 살기 때문이 아닐까 생각한다.

누구에게나 스트레스를 받는 힘든 과정이 있다. 그러나 나는 가급적 긍정적으로 생각하면 반드시 좋은 사람을 만날 것이라고 믿으며, 선의지를 가진 사람과 가까워지려고 노력한다. 그것이 나의 행복을 만드는 근원이라고 생각하기 때문이다.

우리는 사람의 얼굴에서 많은 정보를 얻는다. 잘생기진 않았지만 왠지 따뜻한 느낌을 주는 사람도 있고, 멋지게 생겼지만 왠지 친해지고 싶지 않은 사람도 있다. 단순한 외모의 문제가 아니라 얼굴은 그 사람의 삶의 자세와 철학을 대변하기 때문이다. 생각을 바꾸면 행동이 바뀌고 행동이 바뀌면 운명이 바뀐다고 한다. 운명이 바뀌면 당연히 관상이 바뀐다. 관상에는 경험과 실력, 심리상태가 녹아 있다. 사람의 생각과 습관은 자신도 모르게 얼굴에 묻어난다. 특히 자신감은 얼굴에 확연히 드러난다.

:: 자신의 얼굴에 책임을 져라

수십 년 동안 반복된 웃음, 기쁨과 즐거움, 우울감, 걱정, 삶의 태도가 그 사람의 얼굴에 드러난다. 자신이 어떤 사람인지 얼굴이 보여주고 있다. 우리는 스스로의 얼굴을 만들어가고 있다. 얼굴이 빛나는 사람은 희망이 있는 사람이고 자신감이 있는 사람이다. 기분 좋은 일이 있는 사람이다. 또한 남몰래 선한 일을 하고 있는 사람이고 감사한 마음으로 사는 사람이다.

나이가 먹으면서 자신이 만든 얼굴에 스스로 책임을 져야 한다. 자신이 만들어 놓은 역사가 그대로 얼굴에 투영되기 때문이다. 그렇기 때문에 관상이라는 것을 통해서 그 사람의 미래를 점쳐 보는 것이 가능하다. 현재는 과거의 거울이고, 미래는 현재에서 시작된다.

링컨은 이렇게 말했다. "사람 나이 마흔이면 자신의 얼굴에 대해 책임을 져야 한다." 얼굴은 삶의 내용에 따라 만들어진다는 말이다. 대통령이 된 링컨에게 한 친구가 어떤 사람을 추천했다. 링컨은 그 사람의 얼굴을 보더니 거절했다. 그 사람의 얼굴에 진실성이 보이지 않는다는 것이 이유였다.

셰익스피어는 이렇게 말했다. "하느님은 우리에게 선한 얼굴을 주셨는데 사람들이 악의 얼굴을 만들었다." 어린아이들 얼굴은 선하고 천사같이 천진하다. 그런데 어른이 되면 그 얼굴이 추해지고 일그러지고 욕심이 가득한 얼굴이 되기도 한다. 얼굴은 마음의 창이라고 한다. 긍정적인 생각이 밝은 얼굴을 만든다. 회사에서 직속 상사나 리더의 평상시 표정이 어둡거나 사고가 긍정적이지 않으면 구성원들에게 부정적인 정서가 전달된다. 이런 정서는 조직의 성과에도 좋지 않은 영향을 미친다. 이왕 하는 일, 즐겁게 일하자. 내가 인상을 쓰면 상대방도 찡그리고 내가 웃으면 상대방도 웃는다. 상대는 나를 비추는 거울이기 때문이다.

: : 신은 내면을 보지만 사람들은 겉모습을 본다

나는 주변에서 얼굴이 선하게 보인다고 이야기를 많이 듣는다. 나 스스로도 올바른 마음으로 살고자 하고 남에게 피해를 끼치지 말자는 생각을 가지고 있다. 도덕적으로 당당하게 살자는 것이 나의 신념이다. 일은 항상 긍정적이고 열정적으로 해야겠다고 다짐한다. 사실 나의 얼굴 피부가 부드럽고 약한 편이라 선하게 보이는 면도 있다.

사람들은 타인을 판단할 때 그의 겉모습을 가장 먼저 본다. 겉모습 때문에 내면을 보여 줄 기회를 놓친다면 너무나 아쉬운 일이다.

외모는 내면의 또 다른 표현이다. 외모를 꾸민다고 해서 비싼 옷이나 장신구를 걸치는 것은 아니다. 깔끔한 복장과 깨끗한 옷차림으로 좋은 이미지를 주려고 하자. 가끔 구깃구깃한 와이셔츠에 다림질 안 된 통바지를 입고, 어깨에는 하얀 비듬이 있는 사람과 마주하게 된다. 손질 안 된 머리, 냄새 나는 옷을 입은 사람과 마주할 때가 있다. 그런 사람은 신뢰감이 떨어지고 직장에서도 결코 성공할 수 없다.

나는 은행원으로서 누구를 만날 때나 옷차림에 신경을 쓰고 좋은 이미지를 주려고 노력한다. 깔끔한 옷차림은 무엇보다 스스로 자신감을 느끼게 해주고 기분 좋게 만든다. 나는 항상 긍정적으로 생각하려고 한다. 선의지를 가지고 밝고 환한 사람을 좋아하고 가까이 하고 싶어진다. 그런 사람이 주변에 많으면 내 인생이 행복해질 것이기 때문이다.

향기로운 꽃에 벌이 모이듯 자신만의 매력이 있다면 주위에 좋은 사람이 알아서 모인다. 매력은 발산하는 것이다. 깔끔한 옷차림과 밝은 미소를 머금은 표정을 유지하자. 옷을 잘 입는 것도 중요하다. 살림살이가 어렵다고 옷을 구질구질하게 입으면 기분도 우중충해진다.

'웃는 얼굴에 침 못 뱉는다'는 말처럼 좋은 인상을 주는 사람에게 함부로 하는 사람은 없다. 내가 웃는 낯으로 밝은 표정을 지으면 함께한 사람들의 표정도 누그러지고 분위기가 풀어진다. 미소의 힘은 생각보다 크다. 어디를 가든 미소를 짓자. 긴장감이 드는 자리에 가더라도 밝은 표정을 짓도록 노력하자.

07

나를 비우고
다시 채우는 방법,
글쓰기

　　　　　　　　나는 개인적으로 힘든 일이 있을 때나
이슈가 있을 때 글이나 일기를 쓴다. 주말이면 집 근처 스터디카페에
서 책이나 신문을 보기도 하지만, 나의 느낌을 글로 쓰기도 한다. 나
의 마음을 노트에 적어 가면 복잡한 생각이 정리되고 긍정적인 방향
으로 마음이 정리된다. 글쓰기는 반응하는 인간에서 생각하는 인간
이 되게 한다. 뇌를 발달시키고 생각을 정리하게 되어 체계적이게 된
다. 뇌가 손을 움직이는 것이 아니라 손이 뇌를 움직이게 한다. 글쓰
기는 아웃풋output으로 아웃풋을 해야 진정한 자신의 지식이 된다.

　번아웃이 되었을 때 글이나 일기를 쓰자. 스트레스가 생겼을 때
자신의 감정을 노트에 적어 내려가면 마음이 정리되고 가벼워진다.
풀리지 않을 것 같은 문제가 사라지기도 한다. 예상하지 못한 방식으

로 해결되기도 한다.

이렇듯 글 쓰는 행동은 감정을 치유해 주고 생각을 정리해 준다. 또한 창의적인 생각을 불러와 문제를 해결해 준다. 부정적인 감정을 글로 쓰는 것은 감정을 환기시키고 객관적으로 인지할 기회를 준다. 글쓰기는 번아웃을 막고 감정을 정리할 수 있게 한다. 자신의 감정을 누군가에게 전달하기 어려운 경우 글쓰기는 감정을 녹이고 스트레스를 해소하는 데에 도움이 된다.

: : 부정적인 일들이 오래 기억에 남는 이유

인간은 부정적인 사건을 오래 기억하는 방향으로 진화해 왔다. 이는 생존을 위한 것이다. 자신에게 부정적인 사건에 대해 오래 기억하고 부정적인 사건을 반복하지 않는 것이 생존에 유리하기 때문이다. 문명시대 이전에는 한 번의 실수가 곧 죽음이 될 수도 있었다. 또한 인간은 자신이 얻은 이익에는 둔감하고 자신이 잃은 작은 손실에는 크게 반응한다. 그리고 작은 손실은 두고두고 생각하는 경향이 있다. 뇌가 이런 부정적인 편향성을 가지고 있기 때문에 연습하지 않으면 행복하고 감사했던 순간에 대한 기억은 손에 쥔 모래처럼 쉽게 빠져나가 버린다. 매일매일 행복한 일, 즐거운 일, 감사한 일을 의도적으로 기억하는 연습을 하면 우리 뇌는 긍정적인 경험을 장기 기억한다.

생각해 보면 좋은 일과 감사한 일이 참으로 많다. 그런데도 뇌의 부정적인 편향으로 좋은 추억과 기분이 사라지고 허무한 느낌으로 남는다. 매일매일 감사했던 일, 행복했던 순간을 기록에 남기고 살펴 본다면 자신이 행복하다는 것을 알게 된다. 행복도 연습이 필요하다. 결혼해서 행복한 가정을 이루고 있는 것, 아이들이 건강하게 잘 자라 고 있는 것, 직장에 잘 다니고 있는 것, 좋은 친구가 곁에 있는 것 등 등 이런 모든 것들이 행복한 일이고 감사한 일이다.

:: 감사 일기 쓰기

부정적인 감정이 앞설 때는 감사 일기를 적어보자. 주변에 찾아보 면 감사할 일이 많다. 살아 있음에 감사하고, 이목구비가 다 있고, 두 다리, 양팔이 다 있고, 가족이 있음에 감사하자. 맑은 햇빛과 나무그 늘이 있음에 감사하고, 아름다운 자연과 계절의 순환에 감사하자. 자 기 자신의 욕심에서 벗어나 주변의 동료, 친구, 가족에게 감사의 마 음을 전해 보자.

감사 일기에 무엇을 감사하면 될까? 몇 가지 방법을 정리해 본다.

첫째, 이미 이루어진 일에 대한 감사

승진이나 오랫동안 노력하고 바라던 것이 이루어졌을 때, 일상 속 소소한 바람이 이루어졌을 때 기록한다. 쓰면서 마음이 흐뭇해지고 보람을 느낄 수 있다. 이외에도 가족들이 건강하고 아이들이 잘 자라 고 친구가 있어 감사함을 쓰면 된다. 찾아보면 세상에는 감사할 일이 무궁무진하다. 평소에 무심코 지나친 일상들도 자세히 들여다보면 감사할 일로 가득하다.

둘째, 불행처럼 보이지만 자세히 보면 감사한 일에 대한 감사

많은 일들이 생각하기 나름이다. 나는 지금 KB 연수원에서 일하고 있는데 생각해 보면 참 감사한 일이다. 퇴직이 많이 남지 않았다고 생각하니 나의 은행생활 30년을 되돌아볼 수 있고 나의 지나온 인생을 돌아보고 미래를 계획할 수 있다. 또한 은행 후배들에게 인생과 업무에 도움이 될 만한 책도 쓰고 있다. 좋은 글을 남겨 조금이나마 도움이 되었으면 하는 바람이다. 이 책이 나의 긍정적인 마음과 선의지가 누군가에게 전달되고 좋은 세상이 되는데 미력이나마 기여하고 싶다.

생각을 바꾸면 감사할 일이 정말 많다. 자동차가 부딪쳤는데 큰 사고가 아니라서 감사하고, 넘어졌는데 크게 다치지 않아서 감사하고, 찢어진 우산이지만 비를 맞지 않아 감사하다. 어려움에 처했을 때 동료 직원들의 진심 어린 걱정에 감사한다. 자녀가 시험에 떨어졌지만 다시 열심히 공부하는 모습에 감사한다.

부정적인 일이라도 관점을 바꾸어 생각하면 감사할 일이 정말 많다. 일상을 살아가면서 힘든 시간도 많지만 한걸음 나아가 살펴보면 감사할 일들도 적지 않다. 감사한 것들을 찾아서 일기 형식으로 적다 보면 부정적으로 흐르던 에너지가 긍정적인 방향으로 바뀌게 되고 세상을 긍정적으로 바라볼 수 있게 된다.

셋째, 아직 이루어지지 않은 희망사항에 대해 미리 하는 감사

자신을 불안하게 하는 일이 있을 때, 희망사항을 적어나가면 마음 정리가 되고 방향성이 설정된다. 오랫동안 준비한 중요한 시험을 앞두고 합격하길 바라면서도 한편으로는 불안감도 커진다. 그동안의 노력에 감사하고 현재 시점에서 '시험에 꼭 합격했으면 좋겠다. 합격하면 기념으로 여행을 떠날 것이다' 등의 희망사항을 적는다. 이루어지지 않은 일에 대해 미리 쓰는 감사 일기는 불안을 잠재우고, 희망이 이뤄지도록 이끌어준다.

: : 글쓰기로 선택의 기로에서 생각을 정리한다

우리는 살아가면서 수많은 선택의 순간과 마주하게 된다. 어떤 선택을 하는가에 삶이 달라지고 삶의 질이 달라진다. 선택의 순간에 선택의 종류별 장단점을 글로 적어보자. 시간을 가지고 글로 쓴 선택의 장단점을 계속해서 읽고 점검하고 수정해 보자. 더 좋은 선택지가 떠오를 것이다.

글쓰기를 자주하자. 글쓰기는 뇌를 발달시키고 생각하는 사람이 되게 한다. 지식과 경험은 아웃풋을 해야 진정한 나의 지혜가 된다. 글쓰기는 자신의 감정을 정리하고, 부정적인 감정을 쏟아내고 긍정적인 사람으로 이끌어준다. 생활화된 글쓰기와 일기 쓰기로 나는 개인적으로 마음의 성장을 얻을 수 있었다.

08

오늘은 폭풍
내일은 잔잔한 파도,
그것이 인생

젊은 시절부터 사업을 하던 친구가 있다. 그 친구는 줄곧 잘나가는 회사를 운영하여 친구들의 부러움을 샀다. 그러나 회사의 규모가 커지고 중소기업의 범위를 넘어서게 되었다. 중소기업이라 받던 특혜가 없어져 관공서 입찰에서 우대 혜택을 받지 못하게 되면서 회사가 어려워졌다. 거기에 더해 코로나19 상황까지 겹쳐 위기에 직면했다. 옆에서 지켜보는 마음도 안타까웠다. 그동안 친구는 향우회와 동문회에 적극 참여하며 후원을 하고 모임을 주도하였는데, 사업이 어려워지면서 모임에 발길을 끊었다.

얼마 전 한적한 곳에서 나와 단둘이 소주잔을 기울였다. 친구는 잘못한 경영적 판단에 대해 후회도 하고, 실패의 원인에 대해 이야기하기도 했다. 위기에 처하니 믿었던 사람들에 대해 배신감도 느끼지만 많은 것을 배우고 있다고 했다. 몇 년 후에는 다시 우뚝 설 계획을 가지고 있고, 희망도 보인다고 한다. 우리는 살아가다 보면 좌절하기도 하고 실패하기도 한다. 사업을 하든 영업을 하든 자신이 원하는 대로 이루어지지 않는 경우가 많다.

우리는 시험에서 떨어지기도 하고 승진에 실패하기도 하고 결혼에 실패하기도 한다. 세상사가 자기 뜻대로 모든 게 이루어질 수 없는 게 현실이다. 나는 지점장 시절 주요 거래 업체가 이탈되면 가슴이 아팠다. 본부 근무 시절에 새로운 시장 진입을 위해 온 힘을 쏟았지만 결과는 반대로 나타날 때, 준비를 잘하였지만 입찰에서 떨어질 때, 실망하고 좌절하기도 하였다. 선의로 한 행동이 오해를 받아 위기에 내몰리기도 했다. 실패를 겪고 나면 사람이든 회사든 아픔을 통해 배우는 것이 있다.

실패의 원인을 분석하고 같은 실수를 하지 않으려 노력하기 때문이다. 그리고 실패는 성장의 기회가 될 수 있다. 실패한 경험은 새로운 도전의 자양분이 된다. 실패의 원인을 분석해 다시는 또 같은 실패를 반복하지 않기 위한 교훈을 찾게 된다. 실패에 유연하게 대처하는 회복탄력성도 높아진다. 실패가 두려워 도전하지 않거나 한 번의 실패로 좌절해 버린다면 더 이상의 발전은 어려울 수도 있다.

도전에는 언제나 위험이 따르기 마련이다. 그 위험이 때로는 기회가 되기도 한다. 인간은 환경적응력이 엄청 빠르다.

: : 인간은 환경적응력이 빠르다

일상에서 어려운 일이 있어도 시간이 지나면 회복하게 되고 정상적인 상황으로 돌아온다. 교도소를 방문한 사람들은 수감자들이 매우 행복해 보여 깜짝 놀란다고 한다. 교도소에 근무하는 친구의 이야기를 들어 보면 수감자들은 교도소에 처음 들어올 때는 세상을 원망하고 분노하고 좌절하지만 몇 달이 지나면 대부분 교도소 생활에 적응한다고 한다. 인간은 환경적응이 빨라 금방 변화된 생활에 익숙해지고 또 다른 희망을 찾는다. 수감자들은 처음의 분노를 가라앉히고 마음을 차분히 안정시키고 교도소 생활을 받아들이고 가능한 유쾌하게 지내려고 노력한다.

어떤 수감자는 꽃을 가꾸며 노래를 부르고 어떤 수감자는 꾸준히 기술을 배우며 희망의 끈을 가지고 생활한다고 한다. 극도로 통제된 상황 속에서도 꽃을 가꾸며 노래할 수 있는 존재가 인간인 것이다. 어떤 위기가 왔을 때 대부분의 사람은 처음에는 분노하고 불안해하지만 시간이 지나면 불안은 점차 사라지고 불확실성이 해소되면 상황을 받아들이고 적응하게 된다. 그리고 또 다른 꿈을 설정하고 나아간다.

우리는 살아가는 동안 많은 위기에 봉착하고 어리석은 행동을 하고 실수를 한다. 사람이면 누구나 실패하기도 하고 좌절하기도 하고 억울한 일을 당하기도 한다. 천하의 나폴레옹도 그가 이끌었던 전쟁의 3분의 1은 패배했다. 그러나 우리는 그를 실패한 장군이 아니라 위대한 장군으로 기억하고 있다.

지난 일은 후회해 보아야 소용이 없다. 지나간 일로 인해 좌절하고, 심한 경우 목숨을 던지기도 한다. 전쟁에서 폭탄이 투하되어도 시간이 지나고 상황이 정리되면 서서히 생명이 움트고 새로운 숲이 만들어지는 법이다. 실패의 경험을 소중한 경험으로 간직하고 또 다른 성장의 밑거름이 되게 해야 한다. 그래서 위기가 와도 실패를 경험하더라도 딛고 일어설 수 있다.

∷ 오늘 흐리다고 내일도 흐리진 않다

어려운 여건을 딛고 마쓰시타전기기구제작소를 설립한 마쓰시타 회장은 자신의 어려운 여건을 기회로 만들어 훌륭한 경영자로 추앙받는다. 그는 자신의 불리한 조건을 어떻게 기회로 삼았는지 다음과 같이 이야기한다.

첫째, 가난하게 태어난 것이다. 집이 가난했기 때문에 어린 나이부터 상인의 태도를 익혔고 부지런히 일하지 않고서는 잘살 수 없다는 진리를 깨달았다. 둘째, 몸이 허약했다. 허약하게 태어난 덕분에 건강의 소중함을 일찍이 깨달아 몸을 아끼고 건강에 힘써 건강을 지켰다. 셋째, 못 배운 것이다. 초등학교 4학년을 중퇴했기 때문에 항상 이 세상 모든 사람을 나의 스승으로 받들어 배우는 데 노력하여 많은 지식과 상식을 얻었다.

그는 좌절하기 않았고 오히려 기회로 생각했다. 실패한 사람과 성공한 사람의 차이는 무엇일까? 실패한 사람은 실패하고 주저앉는 사람이다. 성공한 사람은 실패를 성공의 어머니로 인식한다. 긍정적인 사고가 중요하다고 한다. 모든 것은 마음먹기에 달려 있다고 하듯이 생각을 어떻게 하느냐의 문제이다. 실패하였다고, 원하는 대로 되지 않았다고 좌절하고 주저앉아 있지 말아야 한다. 비 내린 대지 위로 새로운 싹들이 올라오듯이 희망의 씨를 뿌려야 한다.

시작도 하지 않고 포기하는 것보다 깨지더라고 부딪히며 도전하여 경험을 쌓는 것이 성장의 동력이 될 수 있다. 사람이기 때문에 실패를 하고, 실패를 딛고 다시 일어나는 능력도 있다. 오늘 흐리다고 해서 내일도 흐린 것은 아니다. 날씨는 항상 바뀐다. 인생에서 항상 좋은 일만 있는 것도 항상 나쁜 일만 일어나는 것도 아니다. 오늘 폭풍우가 치고 바람이 불어도 내일은 잔잔한 파도가 아침햇살과 함께 할 것이다.

'멘붕'의 시간에서
또 다른 나를 만나다

2021년 하반기 뜻하지 않은 일로 연수원에서 근무하게 되었다. 처음 한두 주는 '멘붕'이 왔다. 그러나 바로 의미 있는 시간을 보내기로 마음먹었다. 가만히 생각해 보면 너무 좋은 시간이다. 세상만사가 생각하기 나름이다. 자신을 뒤돌아볼 수 있는 시간이고 새로운 길을 준비할 수 있는 시간이다. 감사하게 받아들이자, 너무 소중한 시간으로 다가왔다.

퇴직하면 인생 경험을 책으로 쓰고 강의하고 컨설팅하는 것이 나의 작은 소망이다. 책을 가까이 하려고 노력하고 훌륭한 분들의 말씀과 글귀는 흘려보내기 아까워 기록하고 실천해 보려고 한다. 주말 하루는 나 자신을 위해 카페에서 고전을 읽고 밀린 신문 뭉치를 들고 가서 정독을 한다.

퇴직하면 책을 쓰기로 생각했던 것을 이 시간에 해 보기로 다짐했다. 은행 생활의 경험담을 쓰고 인생철학을 책으로 담고 싶었다. 나의 이야기가 후배 직원들이 직장생활을 하는데 조금이나마 도움이 되었으면 하는 마음이다. 대나무가 마디마디 매듭을 짓고 또 다른 성장을 하듯이 나도 한 매듭을 짓고 새로운 삶을 향해 보자는 취지였다.

올해 책을 출간하려 하니 시간이 너무 촉박했다. 미리 책을 출판한 선후배에게 연락하여 조언을 들었고 출판사를 찾아가서 상의하고 '시작이 반이다'라는 생각에 바로 원고를 쓰기 시작했다.

밤늦은 시간까지 원고를 쓰고 자다가도 일어나서 원고를 다시 들여다보았다. 주말에는 스터디카페로 가 종일 책을 읽고 원고를 쓰고 다듬었다. 24시간 온통 관심은 원고였다. 출판사와 출판계약을 맺고 마감일을 정해 놓으니 내 몸이 그 상황에 맞게 움직인 것이다. 책을 읽고 글을 쓰는 집념과 열정으로 꼬박 두 달여 시간을 달려왔다.

내 몸 안에 새로운 꿈들이 꿈틀거리기 시작했다. 그리고 원고 한 장 한 장에 보람과 행복함을 느꼈다. 원고를 쓰는 동안 스스로를 돌아볼 수 있었고 짧은 시간이지만 그동안의 삶을 정리할 수 있었다. 진정한 삶이란 무엇이며 어떻게 살아야 하는지 생각하게 되었고 내 삶의 방향성이 정해지고 있었다.

:: 삶의 방향성을 정돈하다

정글 속 나무와 풀들은 햇볕을 받기 위해 위로 향한다. 반면 나무의 뿌리는 땅속으로 뻗어간다. 물과 영양분을 흡수하기 위해서다. 사람도 음식을 먹고 내장에서 소화하고 영양분을 몸에서 흡수하고 폐기물을 몸 밖으로 배출한다. 이 과정에서 에너지를 만들어 건강하게 살아갈 수 있다. 일정한 방향성이 있다. 자연의 방향성에 역행하면 식물도 사람도 생존하기 어렵다. 우리의 삶도 방향성이 잘 정돈되어 있으면 건강하고 좋은 삶이 된다.

사람의 마음은 그가 생각하는 대로 향해 가고 자신이 생각하는 대로 삶이 결정된다.

아무리 어렵고 힘든 일이라도 긍정적으로 바라보면 즐거울 수 있고, 부정적으로 바라보면 불평불만 천지다. 모든 것이 사람의 마음에 달려 있다. 생각이 우리의 몸을 움직이기 때문이다. 어떻게 살아가야 하는지, 어디로 가야 하는지, 한번쯤 생각하고 마음을 정리하면 방향성이 정해진다.

인간은 누구나 자신을 우주의 중심에 두고 생각한다. 인간은 세상의 유일무이한 존재로서 각자가 소중한 존재이다. 수많은 선인들은 이야기한다. 이기적인 사람은 본인의 삶이 팍팍해지고 주변에 사람이 모이지 않는다. 반면 지혜로운 사람은 타인을 생각하고 사는 삶이 결국 자신이 존중받는 삶이 되고 자신을 행복하게 만든다. 내가 먼저 상대방에게 베풀고 배려하면 내 인생이 행복해진다. 내가 겸손하면 내가 존중받는 삶이 된다.

사회적으로 큰 성취를 이루고도 불행한 사람들이 있다. 자신의 성공을 위해서 달리면서 타인을 희생시킨 경우도 많이 본다. 결국 이런 사람은 행복한 인생이 될 수 없다. 물질적인 것보다 더 소중한 것이 정신적인 풍요이고 내면의 행복이다. 자기 주변에 어떤 사람이 있는가에 따라서 인생이 결정된다고 한다. 썩은 과일이 곁에 있으면 그 과일도 썩게 되고 향기로운 꽃이 내 곁에 있으면 나에게도 향기가 스민다.

내가 먼저 선의지를 가지고 좋은 마음을 주변에 전하면 내 주변은 선의지를 가진 사람들로 넘쳐날 것이다.

: : 정글 속 세일즈맨, 새로운 꿈을 품고 이루다

세일즈맨은 고객에게 좋은 정보를 제공하고 상품과 서비스를 판매하고 영업을 한다. 세일즈는 고객에게 정보를 주고 이익을 주어 신뢰를 쌓고 관계를 맺는 과정이다. 신뢰를 쌓으면 결국 나의 고객이 되는 것이고 그 고객은 반드시 성과로 되돌려준다. 발품을 팔고 사람을 만나고 신뢰를 쌓는 것은 고객을 위한 것이지만 결국은 자신을 위한 것이다. 고객과의 좋은 관계가 영업의 근본이다. 정글 속 자연에서 살아남는 방법은 환경변화에 빨리 적응하고 경쟁자보다 한발 앞서 사냥감을 향해 달려가고 경쟁자보다 뛰어난 사냥 기술과 정보가 있어야 한다.

정글은 항상 변화무쌍하고 예측 불허의 상황이 도래한다. 환경 변화에 따라 새로운 종들이 생겨나고 환경에 적응하지 못하는 종들은 사라진다. 시장도 마찬가지로 새로운 사업이 등장하고 환경변화에 적응하지 못하면 금세 사라진다. 강한 것이 살아남는 것이 아니라 변하는 것이 살아남는다. 시장의 변화에 잘 따라가고 즐거운 포식자가 되기 위해서는 항상 학습하고 주변을 살피고 자신을 연마하여야 한다.

2,500년 전 공자의 《논어》 명언이 새삼 생각난다. "학이시습지學而時習之 불역열호不亦悅乎" 배우고 익히면 이 또한 기쁘지 아니한가? 무엇인가를 배우고 실천하면 보람 있는 시간이 된다. 나는 글을 쓰면서 사색하고 내면의 기쁨을 얻었고 보람을 얻었다. 부족한 점이 많지만 한 권의 책을 세상에 내놓게 되어 나 자신이 무척 뿌듯하다. 우리는 앞으로 어떤 일이 일어날지 아무도 모른다. 우리 인생은 유한하고 또한 인생은 무상하며 항상 변한다. 꿈을 꾸지 않으면 아무것도 이룰 수 없다. 꿈을 설계하고 그것을 실천에 옮길 때, 그때가 가장 행복한 여정일 것이다.

| 참 고 문 헌 |

- 협상 카리스마 : CEO들만 알고 있는 10가지 협상 법칙 | 아이지엠세계경제연구원 | 전성철 (2007)
- 저는 세일즈가 처음인데요 | 한빛비즈 | 박성준 (2016)
- 성과가 올라가는 영업의 디테일 | 푸른영토 | 성기재, 김삼기, 진기방, 김상범 (2020)
- 기업금융종합마케팅 | 한국금융연수원 (2008)
- 거꾸로 즐기는 1% 금리 | 메디치미디어 | 김광기, 서명수, 김태윤, 장원석 (2015)
- 바야흐로, 품격영업 : 뉴노멀 시대에 B2B 영업의 길을 제시하다 | 플랜비디자인 | 강창호 외 4인 (2021)
- 길을 찾아라 아니면 만들어라 | 원앤원북스 | 현병택 (2014)
- 타잔 마케팅 | 도서출판 물푸레 | 김영한, 장정빈 (2002)
- 부의 품격 : 착하게 살아도 성공할 수 있다 | 도서출판 성안당 | 양원근 (2021)
- 끌리는 사람은 1%가 다르다 | 더난출판 | 이민규 (2008)
- 아직, 끝나지 않았다 : 인생론 카네기 인생지침서 01 | 산해 | 손풍삼 평역(2001)
- 데일리 카네기 인간관계론 | 현대지성 | 데일 카네기 | 임상훈 옮김 (2021)
- 인재 vs 인재 | 메디치미디어 | 홍성국 (2017)
- 소유냐 존재냐 | 까치 | 에리히 프롬 | 차경아 옮김 (2015)
- 돈 교육은 머니트레이너닷컴 | 머니트레이너닷컴 | 비샤드 (2020)
- 리더의 마음 | 다산북스 | 홍의숙 (2019)
- 사람의 힘 | 웅진씽크빅 | 윤석금 (2018)
- 마음을 다스리는 법 | 도서출판 둥지 | 김정빈 (1997)
- 법화경 마음공부 | 유노북스 | 페이융 | 허유영 옮김 (2019)
- 내 인생을 바꾸는 좋은 감정 습관 | 다른상상 | 이지혜 (2021)
- 나를 사랑하게 하는 자존감 | 비전과리더십 | 이무석 (2016)
- 리더가 답이다 | 크레듀 | 송영수 (2013)
- 나를 변화시키는 좋은 습관 | 다연 | 한창욱 (2017)

- 남자의 품격 | 라온북 | 강남영 (2016)
- 리더의 격 : 무엇으로 사람을 움직이게 할것인가 | 모아북스 | 김종수 (2016)
- 바빌론 부자들의 돈 버는 지혜 | 국일미디어 | 조지 S, 클레이슨 | 강주헌 옮김 (2002)
- 기업금융의 이론과 실무 | 디자인라이프 | 윤경한 (2004)
- 재무분석 | 한국금융연수원 | 김철중 (2002)
- 대출금리 결정론 | 한국금융연수원 | 임호열 (2001)